VIE

DE SON ALTESSE ROYALE MONSEIGNEUR

LE DUC DE BERRY.

On trouve aux mêmes adresses :

HISTOIRE DES MINISTRES FAVORIS ANCIENS ET MODERNES ; par l'auteur de la *Vie du Duc de Berry*. 1 vol. in-8. . . . . 6 f.

CHARLES FERDINAND

Duc de Berry

Il a été Français, Prince et Chrétien jusqu'au dernier soupir.

A Paris, chez Gide fils, Rue S.t Marc-Feydeau, N.° 20.

Mars 1820.

Il a été Français, Prince et Chrétien jusqu'au dernier soupir.

A Paris, chez Gide fils, Rue S.t Marc-Feydeau, N.o 20.

VIE

DE SON ALTESSE ROYALE MONSEIGNEUR

LE DUC DE BERRY.

PAR TH. DELBARE.

SECONDE ÉDITION.

PARIS,

GIDE FILS, LIBRAIRE, RUE SAINT-MARC, N.° 20;
A. ÉGRON, IMPRIMEUR, RUE DES NOYERS, N° 37.

Mars 1820.

AVIS DE L'ÉDITEUR.

LORSQUE nous avons recueilli, à la hâte, au milieu de la consternation générale, les principaux traits de la vie de S. A. R. Monseigneur le Duc de BERRY, nous avons voulu nourrir et tromper à la fois notre propre douleur; nous avons désiré satisfaire l'avide curiosité des Français, empressés de connoître tout ce qui peut honorer la mémoire d'un Prince, l'espoir de la monarchie; nous nous sommes proposé surtout de gagner les cœurs de ces hommes égarés, qu'un déplorable aveuglement éloigne encore de cette famille royale si paternelle et si populaire.

Sans doute, ceux que la clémence plus qu'humaine des Bourbons n'avoit point jusqu'ici désarmés ont abjuré déjà leur erreur, à la vue du cadavre sanglant de ce jeune Prince, qui, frappé du coup mortel, implore la grâce de son assassin, fait un noble et public aveu de ses fautes, et dont le dernier soupir est pour le bonheur de la France.

Dans cet affreux moment, voisin de l'éternité, où se dissipent les illusions du pouvoir et les rêves du plaisir; où l'âme enfin se montre à découvert, dans toute sa turpitude, ou dans toute sa beauté, CHARLES-FERDINAND n'a point trahi sa haute destinée : il s'est montré digne du Roi-Martyr, qui, dans son testament, avoit dit : *Je pardonne de tout mon cœur à ceux qui se sont fait mes ennemis*; il s'est montré digne de cette reine qui, plus grande encore, au fond des cachots de la Conciergerie que dans le palais de Versailles, écrivoit à sa sœur (cet ange sur la terre) ces admirables paroles : *Je pardonne à mes ennemis le mal qu'ils m'ont fait.* Il s'est écrié : *Grâce, grâce, pour l'homme qui m'a frappé.*

Quel admirable contraste, entre le crime et la vertu, a été offert à la capitale, à l'Europe, dans cette nuit désastreuse ! Tandis que l'assassin, tranquille et sans remords, proclamoit le dogme affreux de l'athéisme, ajoutoit à l'énormité de son crime par une joie satanique, par un aveu insultant de son forfait, par une brutale insensibilité; sa victime, courageusement résignée à la mort, avoit recours à cette religion divine, dont les trésors sont inépuisables, adressoit à son auguste épouse des paroles de consolation, mouilloit de ses larmes un enfant chéri, incapable encore de connoître l'étendue de son malheur, témoignoit sa reconnoissance aux gens de l'art, accourus pour lui prodiguer des soins, hélas ! inutiles; et ne se laissant jamais dominer par les mouvemens d'une indignation que tout rendoit légitime, ni par le désir d'une vengeance que réclame la patrie en deuil, mouroit, comme l'a dit énergiquement l'orateur sacré, que l'on peut appeler le Bossuet du dix-huitième siècle, en *Chrétien*, en *Français*, en *Bourbon*.

Les amis du trône de saint Louis et de Louis XVI pourroient-ils, quand un fils de France meurt en pardonnant à son meurtrier, respirer d'autres sentimens, envers leurs ennemis, que ceux de la compassion et de l'indulgence? Ah! le flambeau des discordes civiles et des haines particulières doit s'éteindre pour toujours près du tombeau de CHARLES-FERDINAND! Laissons la justice humaine frapper le coupable, les magistrats remplir leur pénible ministère........ Mais nous, ne songeons qu'à ramener, par les conseils d'une raison éclairée, par une bonté toute chrétienne, ceux qui sont assez malheureux pour haïr encore les Bourbons et la vertu.

Nous ne pouvions mieux peindre et mieux louer le prince que nous pleurons, qu'en terminant cette notice abrégée de sa vie par les éloges de cette foule d'écrivains généreux, qui défendent l'autel et le trône avec un courage que rien n'égale, sinon leur talent. Ces écrits, empreints de tout ce que le génie et la vérité peuvent ajouter aux plus nobles sentimens, élèveront, à la mémoire de celui qui fut trop tôt ravi à nos espérances, un impérissable trophée. Les douces larmes qui ont été versées, à la lecture de ces pages sublimes, couleront d'âge en âge, lorsque nos fils et nos neveux parcourront ce recueil, triste monument de notre amour et de notre dévouement à la famille royale.

Nous n'avons pu placer dans cet Ouvrage qu'une

foible partie des traits honorables, des actes de bienfaisance qui ont marqué la vie du Duc de BERRY. Les personnes attachées à cet excellent Prince, et dont on s'étoit flatté d'obtenir des renseignemens utiles et certains, sont encore tellement plongées dans la douleur, et frappées pour ainsi dire du coup qui lui a ravi le jour, qu'enfermées dans une solitude profonde, elles n'ont de force que pour pleurer.

Puisse ce tribut sincère autant qu'unanime de la douleur publique porter quelque consolation dans le cœur de cette jeune princesse, qui, débarquée en France sous les plus heureux auspices, objet de notre respect et de nos hommages, destinée à perpétuer une race chérie, aujourd'hui veuve et brisée par la douleur, appelle, dans son palais désert, un époux tendrement aimé, et ne trouve de soulagement à ses maux, que dans l'exercice continuel de ces mêmes vertus, qui furent si chères à l'auguste objet de ses regrets éternels!

VIE

DE S. A. R. MONSEIGNEUR

LE DUC DE BERRY.

La vie des princes moissonnés dans la force de l'âge, et mourant par la main d'un parricide, excite d'autant plus l'intérêt, qu'ils semblent avoir été les victimes d'une haine plus injuste ou plus violente. La famille des Bourbons est depuis trente ans en possession d'épuiser tout à la fois le malheur et la pitié. La haine que Louis XVI excita chez les révolutionnaires fut si forte, que si la génération toute entière, qui le vit régner et périr, n'étoit un témoin irrécusable de ses vertus et de sa bonté, les siècles futurs auroient pu croire en effet que ce prince fut un lâche et cruel tyran. Le duc d'Enghien, assassiné onze ans après par Buonaparte, passeroit aussi pour un traître qui avoit vendu sa patrie à ses ennemis, si l'histoire fidèle, et la vérité des faits ne donnoient un démenti au prétendu jugement qui le condamna à mourir. Enfin, le duc de Berry, seize ans plus tard, expirant sous le poignard d'un monstre qui se croit un nouveau Brutus, seroit aussi regardé comme un ennemi de la France, comme appartenant à une famille de tyrans, si les contemporains ne transmettoient à la postérité les véritables causes de cet assassinat, s'ils ne lui apprenoient que la secte qui a désolé vingt-cinq ans la France et l'Europe, et qui voudroit r'ouvrir de nouvelles scènes de meurtres et de carnage, a conçu pour les Bourbons une haine qui tient de la rage et du délire, et que cette haine est en proportion du mal qu'elle leur a fait; et, il faut le dire aussi, qu'ils lui ont laissé faire. N'a-t-on pas entendu des bourreaux de Louis XVI l'accuser de les avoir rendus furieux contre lui, par l'excès de sa patience? Aussi les vit-on se venger cruellement de l'impunité qu'il avoit accordée à leurs premiers attentats.

Si la secte n'a pas de pareils reproches à faire directement au duc de Berry qu'elle vient d'immoler, elle peut du moins se plaindre de l'étrange foiblesse qu'on montre pour elle depuis quatre ans, et c'est par des assassinats qu'elle s'en plaint et s'en venge. Le duc de Berry méritoit-il tant de haine et un si barbare traitement? Non, sans doute, et sa vie que nous allons présenter au public le prouvera; mais il étoit l'appui et l'espoir d'une famille que ses malheurs et sa bonté ont fait proscrire par la secte; et la secte relevée, encouragée par les révolutionnaires, l'a choisi pour première victime.

Charles-Ferdinand, fils de France, second fils de son Altesse Royale Monsieur, comte d'Artois, naquit à Versailles le 24 janvier 1778. Il reçut en naissant le titre de duc de Berry, titre que Louis XVI, son oncle, avoit porté comme lui, avant d'être Dauphin, et qui ne lui fut pas plus heureux. Le jeune prince montra dès son bas âge un caractère ardent, facile à s'emporter, mais plus facile encore à ramener. Il n'avoit que onze ans quand la révolution éclata. Le comte d'Artois, son père, qui avoit défendu avec autant de fermeté que de constance les droits de la monarchie et de l'ancienne constitution, se vit obligé de sortir de France avec le prince de Condé, pour se dérober à la fureur des factieux, qui avoient juré leur perte. La marche de la révolution devenant chaque jour plus rapide et plus effrayante, le Roi se décida peu de temps après le départ du comte d'Artois, à faire partir les ducs d'Angoulême et de Berry pour Turin, où ce prince s'étoit retiré, et où la comtesse d'Artois se rendit à peu près dans le même temps. Le duc de Berry reprit là ses études interrompues par les premiers évènemens de la révolution :

M. le duc de Serent, gouverneur de LL. AA. continua de les diriger. C'est de cette ville que le duc de Berry, impatient de faire ses premières armes, écrivit à son auguste père la lettre suivante, pour lui demander la permission de combattre avec le régiment de Berwick.

Turin, 15 août 1791.

« Avec quel plaisir nous avons appris, bon « petit papa, la lettre du bon régiment de « Berwick et votre réponse, ainsi que celle de « MONSIEUR! Ce que c'est pourtant que de « savoir le latin! Oh! que n'y suis-je! Je vou- « drois bien voir ces bons soldats et me battre « avec eux! je leur dirois comme notre bon « Henri : *Camarades, si dans la chaleur des « combats vous perdez vos drapeaux, ralliez- « vous à mon panache blanc qui ne sera jamais « qu'au chemin de l'honneur.* » Cette pensée « m'a fait bouillir le sang dans les veines, « mon cher papa. Marchons pour rendre la « liberté à notre malheureux Roi. — Trente-

« deux officiers du régiment de Vexin sont
« arrivés à Nice remplis de zèle et de courage;
« je n'en manque pas non plus, et je suis
« prêt à me bien battre. »

BERRY.

Le jeune prince fit la campagne de 1792, et retourna ensuite à Turin. En 1794, n'ayant encore que seize ans, il alla à Rastadt joindre l'armée du prince de Condé. En l'abordant il se jeta dans les bras du héros avec la plus touchante cordialité, et le prince s'apercevant du petit embarras que causoit au duc de Berry l'affluence d'officiers dont il se voyoit entouré, et dont la plupart lui étoient inconnus, lui dit qu'il devoit se mettre à son aise en se trouvant au milieu de ses amis et de ses serviteurs. Il lui présenta ensuite les états-majors et des détachemens de toutes les compagnies de gentilshommes et officiers des corps soldés de son armée. Le duc de Berry adressa des paroles flatteuses à ceux que S. A. lui désigna, comme ayant été blessés qui, s'étant particulièrement distingués pendant la campagne précédente. Le prince de Condé le mena quelques jours après faire la visite des différens postes qu'il avoit sur le bord du Rhin.

Dès ce moment, monseigneur le duc de Berry, vivant dans les camps, y contracta des manière franches et aisées, qui s'accordoient avec sa vivacité naturelle, et firent ressortir davantage les excellentes qualités de son cœur : il se fit aimer du soldat, tout en se montrant sévère observateur de la discipline. Sa vivacité naturelle lui causoit parfois des brusqueries ou des emportemens, dont il étoit le premier à se repentir. Un jour il reprit trop vivement un officier de distinction ; il ne tarda pas à sentir qu'il avoit eu tort, et prenant à l'écart ce gentilhomme, il lui dit : « Monsieur, mon intention n'a pas « été d'insulter un homme d'honneur ; ici je « ne suis point un prince, je ne suis comme « vous qu'un gentilhomme français ; si vous

« exigez des réparations, je suis tout prêt à « vous donner toutes celles que vous pourrez « desirer. »

En 1796, l'archiduc Charles faisoit le siége de Kehl. Le duc de Berry, voulant profiter d'une occasion si favorable pour acquérir des connoissances dans ce genre d'opérations militaires, partit pour s'y rendre et y passer quelques jours. L'archiduc ne cessa de le traiter avec autant d'amitié que d'égards. Le duc suivit pendant huit jours les travaux du siége avec beaucoup d'assiduité.

La campagne de 1796 fut si brillante pour l'armée de Condé, que le roi écrivit au prince une lettre, datée de Blankenbourg, le 5 janvier 1797, pour lui témoigner toute sa satisfaction et lui annoncer les récompenses dont il avoit résolu d'honorer le courage et les services de ses braves. Sa Majesté écrivit, en particulier à monseigneur le duc de Berry, une lettre dont voici l'extrait :

« C'est à vous, mon cher neveu, que je « m'adresse pour faire connoître, à ma brave « cavalerie noble et soldée, toute ma satisfac- « tion de la conduite qu'elle a tenue et de la « gloire qu'elle s'est acquise pendant cette « campagne ; dites-le à tout ce corps en gé- « néral et à chacun d'eux en particulier. « Adieu, mon cher neveu, etc. etc.....

« *Signé*, LOUIS. »

Le prince adressa sur-le-champ cet extrait au comte de Mellet, maréchal-de-camp, commandant le premier régiment de cavalerie noble. La lettre dont il accompagna cet envoi étoit conçue en ces termes :

« Je vous adresse, monsieur, l'extrait d'une « lettre du Roi, que je viens de recevoir à « l'instant ; je vous prie de la mettre à l'ordre « du régiment que vous commandez. Ce seroit « affoiblir un témoignage aussi flatteur des « bontés du Roi que d'y rien ajouter ; mais « je vous prie de dire en mon nom à tous

« messieurs les gentilshommes, que je mets « un véritable prix à la faveur que Sa Majesté « m'a faite, en me chargeant d'être son or- « gane auprès d'eux. Je profite avec empres- « sement de cette occasion, pour les assurer « du bonheur que j'aurois à combattre à leur « tête, pour un si bon maître et pour une « cause qu'ils défendent avec tant de gloire.

« Recevez particulièrement, monsieur, l'as- « surance de mon estime et de mon amitié « pour vous. »

Signé, CHARLES-FERDINAND.

Mulheim, ce 21 Janvier 1797.

Le duc de Berry resta à l'armée de Condé jusqu'au mois d'octobre de cette année 1797, époque où ce corps ayant passé à la solde de la Russie, se mit en marche pour y aller prendre ses nouveaux cantonnemens. Des ordres du Roi, reçus le 2 de ce mois, rappelèrent momentanément le duc de Berry auprès de Sa Majesté à Blankenbourg. Ce fut en cette occasion que ce prince témoigna à l'armée de Condé tous les regrets qu'il avoit de s'en séparer. Nous croyons devoir copier ici en entier la lettre qu'il lui adressa ; elle fera connoître, mieux que nous ne pourrions le dire, les vrais sentimens d'un prince aussi généreux et aussi sensible que brave. La voici :

« Après avoir été si long-temps au milieu « et à la tête de la noblesse française, qui, « toujours fidèle, toujours guidée par l'hon-« neur, n'a pas cessé un instant de combattre « pour le rétablissement de l'autel et du trône, « il est bien affligeant pour moi d'être obligé « de me séparer d'elle, dans le moment sur-« tout où elle donne encore une nouvelle « preuve d'attachement à la cause qu'elle a « embrassée, en préférant abandonner ses « biens et sa patrie, plutôt que de plier sa tête « sous le joug républicain.

« Au milieu des peines qui m'affligent, j'é-

« prouve une véritable consolation, en voyant « un souverain aussi généreux que S. M. « l'empereur de Russie, recueillir et recevoir « le dépôt précieux de cette noblesse malheu« reuse, en la laissant toujours sous la con« duite d'un prince que l'Europe admire, que « les bons Français chérissent, et qui m'a « servi de guide et de père depuis trois ans « que je combats sous ses ordres.

« Je vais rejoindre le Roi ; je ne lui parlerai « pas du zèle, de l'activité et de l'attachement « dont la noblesse française a donné tant de « preuves dans le cours de cette guerre : il « connoît tous ses mérites et sait les appré« cier. Je me bornerai à lui marquer le vif « désir que j'ai et que j'aurai toujours de re« joindre mes braves compagnons d'armes, « et je les prie d'être bien persuadés que quel« que distance qui me sépare d'eux, mon « cœur leur sera éternellement attaché, et que « je n'oublierai jamais les nombreux sacri-

« fices qu'ils ont faits et les vertus héroïques
« dont ils ont donné tant d'exemples. »

Signé, CHARLES-FERDINAND.

Lorsque l'armée du prince de Condé eut passé au service et à la solde de Russie, le duc de Berry fut nommé, par l'empereur Paul, colonel du régiment noble à cheval, qui portoit le nom de Berry; ce corps venoit d'être formé des deux régimens nobles à cheval, du corps des chevaliers de la couronne et de la compagnie des volontaires nobles d'Etienne de Damas. Le prince alla en prendre le commandement au mois de décembre 1798, à Locatze, où étoit le chef-lieu. Ce fut peu après son arrivée que l'anecdote suivante eut lieu.

L'armée de Condé, en passant à la solde de la Russie, s'étoit engagée à en suivre les lois militaires. Un volontaire de la compagnie dont M. de M.... étoit commandant, ayant commis une faute grave contre la discipline, fut puni suivant toute la rigueur du code russe ; M. de M...., en l'annonçant à monseigneur le duc de Berry, sous les ordres duquel il étoit, se plaignit de la sévérité de la peine ; et déclarant qu'il ne pouvoit se soumettre à une pareille discipline, qui blessoit la délicatesse de plus d'un gentilhomme français, il offrit au prince sa démission. Monseigneur le duc de Berry garda la lettre et ne fit point de réponse. Le lendemain son corps se mit en marche. M. de M..... se trouva, comme à l'ordinaire, à la tête de sa compagnie ; quand on fut arrivé à la lisière d'un bois, monseigneur le duc de Berry fait faire halte, et appelant à lui M. de M...., il l'emmène dans le bois hors de la vue du régiment ; il descend alors de cheval et prie M. de M.... d'en faire autant ; il lui demande ensuite s'il est toujours dans la résolution de se démettre de son commandement. M. de M.... répond affirmativement en se plaignant beaucoup de la dureté de la discipline russe. Le prince lui dit alors : « Mais vous voyez bien que moi je m'y soumets; pourquoi ne vous y soumettriez-vous pas aussi? » M. de M.... réitéra ses plaintes et persista dans sa résolution. « Eh bien! dit le duc de Berry, puisque vous voulez absolument vous démettre, mettez-vous en garde! » et il porta en même temps la main sur la poignée de son épée. M. de M...., interdit et confus, se jette aux pieds du prince, prend sa main qu'il arrose de ses larmes, et ne sait comment lui exprimer tout son respect et sa soumission. « Je ne doute point de tous vos sentimens, reprit le duc; mais prouvez-les moi en vous soumettant comme moi. » M. de M.... jura une entière obéissance, et le duc le relevant avec bonté et attendrissement, l'embrassa, déchira sa lettre de démission, et ajouta : « Ne pensons plus à ce qui vient de se passer, et que le régiment ne s'aperçoive de rien. » Ils revinrent en effet, en se donnant le bras, rejoindre le corps, qui continua sa marche. Le duc de Berry n'avoit alors que vingt ans. Il servit, sous le maréchal russe Suwarrow, tout le temps que dura sa mémorable campagne. L'empereur de Russie ayant envoyé en 1800 au prince de Condé la grand'croix de l'ordre de Malte, le chargea d'en décorer aussi le duc de Berry; et dans le même temps, sur la demande du Roi, il le nomma à la place de grand-prieur de France, que le duc d'Angoulême avoit laissée vacante par son mariage.

Le 20 mars de cette année, le corps de Condé passa pour la deuxième fois à la solde de l'Angleterre. Le duc de Berry partit le 23 pour Naples, afin d'y épouser la fille du roi, son mariage avec cette princesse ayant été arrangé entre les deux souverains. Mais les hostilités, entre la France et l'Allemagne, ayant recommencé, le duc de Berry quitta Naples, pour aller à Aibling trouver le duc d'Angoulême, et servir en qualité de volontaire dans le régiment noble à cheval, dont ce prince avoit pris le commandement, et auquel il avoit donné son nom. Ayant appris à Rome l'armistice conclu avec Buonaparte, il écrivit le 30 juin la lettre suivante au prince de Condé :

« La nouvelle de l'armistice m'a arrêté ici.
« N'ayant rien à faire à Palerme, jusqu'au retour
« de la reine, j'ai obtenu du Roi la permission
« d'aller faire la campagne avec monsieur le
« prince de Condé : cela auroit été un grand
« bonheur pour moi de le voir ; je lui aurois
« demandé la permission de la faire comme
« volontaire avec mon frère. Je me faisois un
« bien grand plaisir de penser au moment où
« je pourrois me retrouver avec mes braves
« compagnons d'armes, auxquels je suis si
« attaché. Une nouvelle qui m'avoit paru très-
« naturelle, car on disoit que monsieur le duc
« d'Enghien avoit fait des prodiges de valeur
« avec son régiment à Verderie, m'avoit fait
« hâter encore plus mon départ de Naples,
« et je ne faisois que de changer de chevaux
« ici, lorsque j'ai appris cet armistice, ré-
« sultat des succès incroyables de Buona-

« parte. Nous attendons, pour voir ce que « cela deviendra.

« Je prie monsieur le prince de Condé « d'être persuadé du vif regret que j'ai de « n'avoir pu le joindre, et lui prouver le sin- « cère et tendre attachement que ses bontés « ont gravé dans mon cœur. »

Les circonstances politiques, toujours plus funestes à la cause des Bourbons, le forcèrent bientôt d'aller rejoindre son auguste père en Angleterre. En 1805, le roi de Suède, Gustave-Adolphe, voulant délivrer l'Europe de la tyrannie de Buonaparte, s'avança dans le Hanovre. Ce monarque désiroit franchement concourir au rétablissement des Bourbons. Il souhaita que le duc de Berry vînt commander dans ses armées. Le comte d'Artois et le duc de Berry se mirent aussitôt en route pour le quartier-général de Gustave; mais les armées de Buonaparte ayant fait évacuer le Hanovre, la démarche de ces princes devint inuitle, ils retournèrent en Angleterre. Le duc de Berry passa plusieurs années à Londres, d'où il fit de fréquentes visites à Hartwel.

En 1813, des agens imprudens ou perfides parvinrent à persuader aux plus zélés partisans du Roi qu'il étoit possible de faire débarquer le duc de Berry sur les côtes de Normandie, où il trouveroit plus de quarante mille Français rassemblés et armés pour la cause des Bourbons. Le prince se livra à ce projet avec l'ardeur que son âme franche et courageuse mettoit à tout ce qui est noble et généreux. On avoit déjà arrêté le vaisseau qui devoit le conduire en France, mais on avoit envoyé aux îles de Jersey et de Guernesey des serviteurs plus prudens, qui, après avoir vérifié l'état des choses, revinrent avertir le prince que ce projet n'étoit qu'un piége où la police de Paris l'attendoit pour l'offrir comme une nouvelle victime au meurtrier du duc d'Enghien. Quelques mois plus tard, lorsque la Providence consentit à rendre les Bourbons à la France, le duc alla lui-même à Jersey attendre une occasion favorable, et s'étant embarqué, le 12 avril 1814, sur le navire l'*Eurotas*, il vint descendre, le 13, au port de Cherbourg. Il reçut en versant un torrent de larmes, les officiers de terre et de mer chargés de le complimenter, et leur dit : « Chère France ! en la revoyant, « mon cœur est plein des plus doux senti« mens ; nous n'apportons que l'oubli du « passé, la paix et le désir du bonheur des « Français. » De Cherbourg, le prince alla à Bayeux, et sur toute sa route il ne répondit aux témoignages d'amour et aux acclamations de la population entière que par ces mots : *Vivent les bons Normands !* tant son cœur étoit ému, tant il se trouvoit heureux de la joie que sa présence excitoit. On lui présenta une personne qui avoit autrefois servi sous ses ordres, et qui lui demanda : « Serois-je « assez heureux, monseigneur, pour être re« connu de votre Altesse Royale ? — Si je « vous reconnois, mon cher S..... ? lui ré-

« pondit le prince, en s'approchant de lui et « écartant ses cheveux, ne portez-vous pas « sur le front la cicatrice honorable d'une « blessure que vous avez reçue à la bataille « de.....? » S. A. R. passa la revue de la garde nationale, et voulut se promener seule, à pied, au milieu du peuple qui se pressoit autour d'elle; dans ces momens d'épanchement mutuel entre le prince et peuple, le duc de Berry s'écria : *On n'est heureux qu'au milieu des siens.* Ce mot fut aussitôt répété par tous ceux qui l'entendirent, il vola de bouche en bouche, et chacun se plaisoit à le redire. Le prince sut qu'il y avoit dans les environs de Bayeux un régiment encore égaré par les suggestions des fauteurs de Buonaparte; il voulut, malgré les représentations qu'on lui fit, aller gagner cette troupe à la cause du Roi. Quand il fut arrivé à quelque distance régiment, il envoya prier le commandant de lui prêter ses chevaux parce que les siens étoient fatigués; le commandant s'empressa de se rendre à ses désirs et se mit lui-même en chemin pour aller au devant du prince. Le duc de Berry lui parla avec sa bonté et sa franchise accoutumées, et l'officier lui offrit de le conduire auprès de sa troupe : « Braves « soldats, dit le prince en abordant le ré- « giment, je suis le duc de Berry. Vous êtes « le premier régiment français que je ren- « contre ; je suis heureux de me trouver au « milieu de vous. Je viens au nom du Roi, « mon oncle, recevoir votre serment de « fidélité ; jurons ensemble et crions *vive le* « *Roi !* Les soldats répondirent avec transport à cet appel, mais un cri de *vive l'Empereur !* s'étant fait entendre : « Ce n'est rien, « dit le duc de Berry, c'est le reste d'une vieille « habitude ; répétons encore une fois *vive le* « *Roi !* » Et cette fois le cri fut unanime. Le duc fit aussitôt distribuer une gratification aux soldats, et tous prirent la cocarde blanche. Les officiers entourant le prince lui demandèrent la grâce de porter le nom de régiment de Berry : « J'en ferai la demande à Sa « Majesté, répondit-il, et je serai flatté d'être

« le chef d'un corps dévoué à l'honneur et « au Roi. »

Arrivé le 15 à Caen, le duc de Berry publia la proclamation suivante :

« Français, le voilà donc arrivé ce jour de « bonheur et de gloire si long-temps désiré ! « De tous côtés des points de ralliement sont « offerts à votre courage et un appui à vos « malheurs : votre bon Roi est proclamé dans « sa capitale. Le drapeau blanc flotte à Paris « et dans plus de la moitié du royaume ; je « viens le déployer dans ces provinces dont « le nom et l'héroïque fidélité illustreront à « jamais les fastes de la monarchie. C'est un « Bourbon, c'est le neveu de votre Roi qui « vient se joindre à vous, et vous aider à « briser vos fers. Braves habitans des pro- « vinces de l'Ouest ! que votre dévouement « toujours à l'épreuve des revers se ranime « aujourd'hui par l'espérance. De toutes parts « la tyrannie succombe, de toutes parts les « enfans de saint Louis viennent réclamer

« des droits dont le premier et le plus cher « fut toujours celui de vous rendre heureux. « Je vous annonce l'arrivée de votre Roi! je « viens être l'organe de ses promesses. Plus « de guerres! plus de conscriptions! plus « d'impôts arbitraires! Français! telles sont « les intentions de votre Roi. C'est un père « qui vient retrouver ses enfans. L'avenir « qu'il vous destine est un avenir de bonheur, « le retour de la paix, la stabilité des lois et « la douceur du gouvernement légitime et « paternel. *Vive le Roi!* »

Ce prince confirma ces promesses par des actions; il fit mettre en liberté plusieurs prisonniers, détenus depuis deux ans pour une prétendue révolte occasionée par la disette. Le lendemain de leur délivrance, le Prince étant au théâtre, où l'on devoit donner *la Partie de chasse de Henri IV*, ces pauvres gens parurent au lever de la toile, à genoux sur l'avant-scène avec leurs femmes et leurs enfans, levant leurs bras vers le Prince et le bénissant. Trois jours après, le duc de Berry fit son entrée à Rouen, à dix heures du soir; il y fut reçu avec des transports de joie. Le lendemain, il passa la revue des troupes qui étoient dans la ville, et visita plusieurs manufactures. Enfin, le 21, il entra à Paris, revêtu de l'uniforme de garde national; le corps municipal et les chefs de l'armée étoient allés le recevoir à la barrière de Clichy; après qu'ils lui eurent présenté leurs félicitations, le Prince leur dit : « Messieurs, mon cœur est trop ému « pour exprimer tous les sentimens qui m'a- « gitent en me voyant au milieu des Français « et de cette bonne ville de Paris, entouré de « la gloire de la France. Nous y venons ap- « porter le bonheur : ce sera notre occupa- « tion constante jusqu'à notre dernier soupir. « Nos cœurs n'ont jamais cessé d'être français « et sont pleins de ces sentimens généreux « qui sont le caractère distinctif de notre brave « et loyale nation. *Vivent les Français!* »

En arrivant au château des Tuileries, monseigneur le duc de Berry se tourna avec vivacité vers les Maréchaux qui l'entouroient, et leur dit en se jetant dans leurs bras : « Permettez que je vous embrasse et que je vous « fasse partager tous mes sentimens. »

Le prince s'attacha à gagner les cœurs des soldats ; il visita les casernes et les établissemens militaires ; il passa en revue les différens corps de troupes ; il ne mit pas moins de soin à examiner les chefs-d'œuvre des arts, les procédés et les produits des manufactures : ce fut à la suite d'une de ces visites qu'il permit à M. Fraire, propriétaire de la belle manufacture de porcelaines près de Popincourt, de donner son nom à cet établissement. Ce Prince montroit toujours un goût éclairé en parlant des productions des différentes écoles. Quoiqu'il possédât ces manières heureuses qui, de la part des grands, sont le plus noble encouragement pour les artistes, il n'aimoit pas moins à prendre ce ton militaire et chevaleresque qui fait naître l'enthousiasme dans l'âme du soldat : on a recueilli une infinité de mots heureux sortis de sa bouche. « Nous commençons à nous connoître, dit-il « un jour au général Maison ; quand nous « aurons fait ensemble quelques campagnes, « nous nous connoîtrons mieux. » Assistant au banquet donné par la garde parisienne dans les jardins de Tivoli, il vouloit porter une santé en son honneur ; prévenu par le duc de Grammont, le Prince s'écria : « Vous « me l'avez volée ; mais je vais en porter une « qui est dans le cœur de tous les Bourbons : « *A la prospérité de la France !* » Il passoit un jour la revue d'un régiment de cavalerie en garnison à Versailles ; quelques soldats témoignoient avec franchise, en sa présence, des regrets de ne plus combattre sous Buonaparte. « Que faisoit-il donc de si merveilleux ? demanda le duc de Berry. — Il nous menoit à la victoire, répondirent-ils. — Je le crois bien, répliqua le Prince ; cela n'étoit pas difficile avec des soldats tels que vous ! »

Le Roi, par une ordonnance du 15 mai,

lui conféra le titre de colonel-général de chasseurs et de chevau-légers-landiers; et par une disposition du ministre de la guerre, le régiment de dragons dit de l'Impératrice, prit le nom de Berry. La Chambre des députés ayant, peu de temps après, fixé la liste civile, ce Prince y fut compris pour 1,500,000 francs. Il partit, le 1er. août de cette année, pour aller visiter les départemens du Nord, et fut reçu avec enthousiasme à Cambrai, à Bouchain, à Valenciennes; partout il se montra aux troupes et les passa en revue. Il visita à Lille la filature de coton du sieur Charles Fréret, et voulut bien signer sur le grand-livre de ce négociant, l'acte qui constatoit cette visite si honorable pour le commerce et l'industrie. Ce Prince arriva à Calais le 9 du même mois, et s'embarqua le lendemain sur un brick français, qui le conduisit jusqu'à Douvres, où il débarqua au bruit du canon de toutes les batteries. Après un court séjour en Angleterre, le duc de Berry revint à Paris, d'où il partit le 21 septembre pour visiter les places fortes de l'Alsace, de la Lorraine et de la Franche-Comté. Il passa successivement en revue les garnisons de Mézières, Metz, Strasbourg, Landau, etc., où sa présence fit naître beaucoup d'enthousiasme. Il s'occupoit particulièrement d'encourager les arts; et il confia l'honneur de faire son portrait au célèbre Carle Vernet, chez lequel il se rendit plusieurs fois. C'est pendant qu'il parcouroit les divers établissemens publics, qu'il fut un jour fort agréablement surpris de retrouver, au comité central d'artillerie, une jolie pièce de canon qui avoit été faite à Turin en 1792, pour servir à son instruction et à celle de monseigneur le duc d'Angoulême. Le duc de Berry avoit le projet de faire un voyage dans les départemens de l'Ouest, espérant gagner partout le cœur du soldat, lorsque le retour de Buonaparte vint suspendre le cours de tant de soins précieux. Les conspirateurs, qui voyoient l'heureux ascendant que prenoit sur les troupes ce prince tout à la fois sensible et valeureux, imaginèrent de le noircir par d'impudentes diffamations; il n'y eut sortes de calomnies dont monseigneur le duc de Berry ne devînt l'objet.

Au premier avis du débarquement de Buonaparte, le Roi désigna ce Prince pour aller prendre le commandement des forces réunies en Franche-Comté. Mais on allégua que sa présence seroit plus utile dans la capitale, et, par cette profonde perfidie, on l'empêcha de faire tête à Buonaparte. Le 8 mars, le duc se rendit à l'Ecole-Militaire, puis à la caserne de Babylone; mais il y fut froidement reçu par les troupes, que la présence de l'usurpateur sur le territoire français avoit déjà ébranlées, et que les intrigans de son parti avoient déjà trompées. Le 11, S. M. donna au duc de Berry le commandement des corps qui se trouvoient à Paris et dans les environs; mais la plus grande partie de l'armée se jetant au-devant de Buonaparte, toute défense devint impossible; et dans la nuit du 19 au 20 mars, le duc de Berry partit de la capitale, ainsi que MONSIEUR, et se mit à la tête de la Maison du Roi. On marcha toute la nuit et toute la journée du 20, presque sans s'arrêter; le duc de Berry donnoit à ceux qui l'accompagnoient, l'exemple de la fermeté de caractère et de la résignation. On arriva le 21 à Beauvais; de là, on prit la route d'Abbeville, où l'on apprit l'entrée du Roi à Lille. Un officier de cuirassiers, qui se trouvoit sur le passage du duc de Berry, eut l'insolence de crier *vive l'Empereur!* Les officiers de la Maison du Roi voulurent en faire justice; mais le duc s'opposa à cet acte de vengeance. Le 24, on arriva à Béthune; le duc de Berry étoit à la tête de quatre mille braves et fidèles Français. Il trouva, en entrant dans cette ville, trois cents soldats qui étoient ouvertement prononcés en faveur de Buonaparte; il les investit de toutes parts; mais eux, dans l'excès de leur délire, crièrent en désespérés *vive l'Empereur!* On pouvoit les tuer jusqu'au dernier; mais la cause royale n'en eût pas mieux été servie; ce n'eût été qu'un acte de vengeance inutile; et un Bourbon ne se venge pas sur des Français. Monseigneur le duc de Berry s'élança seul au milieu de ces trois cents hommes, et leur proposa de crier *vive le Roi*! Après s'être consumé en vains efforts, il leur dit : « Vous voyez « bien que nous pourrions vous exterminer, « sans qu'il en restât un seul ; vivez tous, « malheureux, et disparoissez. » Alors un de ces soldats se mit à crier *vivent l'Empereur et le duc de Berry!* et les autres répétèrent ce cri, qui étoit tout à la fois de révolte et de reconnoissance. Quelques minutes après, deux cents lanciers poursuivirent ce prince, à sa sortie de Béthune ; il eût été facile de les écraser, mais il s'y opposa fortement. Enfin, il arriva heureusement à Ypres, et le 28 mars il rejoignit le Roi à Gand, et s'établit à Alost, où se trouvoit la partie de la Maison militaire du Roi, qui avoit pu suivre les Princes au-delà de la frontière. Le duc de Berry avoit perdu tous ses équipages, qui avoient été pris à Saint-Denis.

Pendant son séjour en Belgique, ce Prince

fit de fréquens voyages soit à Gand ; soit à Bruxelles, où le roi des Pays-Bas le recevoit avec tous les honneurs dus à son rang. Chargé du commandement de la Maison militaire du Roi, cantonnée à Alost et dans ses environs, le duc de Berry se plaisoit à en surveiller les manœuvres qu'il commandoit souvent en personne. On ne fut pas peu étonné de le voir alors, soit par l'éclat et la véhémence de son commandement, soit par la précision de son coup d'œil, rappeler ces manœuvriers célèbres, dont la France a fourni les premiers modèles ; on le voyoit ensuite, avec non moins de plaisir, se mêler à ces jeux qui sont le délassement des travaux des camps, les encourager, y prendre le plus vif intérêt. Tel étoit Louis XVI, au milieu de ses pages, à Versailles. La bataille de Waterloo détermina un mouvement de cavalerie légère sur la gauche de Buonaparte, qui se dirigeoit vers les cantonnemens de la Maison du Roi ; Alost, qui en formoit le centre, n'étoit pas une position militaire : le prince se détermina à occuper les hauteurs de Gyseghem, à une lieue d'Alost, où il laissa le deuxième escadron des gardes-du-corps et les grenadiers à cheval. L'armée royale bivouaquait autour du château occupé par les Princes, Monsieur, et son fils le Duc de Berry. Ce fut là qu'ils apprirent les succès des alliés, qui alloient leur ouvrir le chemin de leur patrie. Le 21 juin, l'armée royale, au milieu de laquelle le Roi vouloit entrer en France, se mit en marche sous les ordres du Duc de Berry; elle alla coucher à Grammont, puis le 22 à Ath; le 23 à Mons, le 24 à Bavai, première ville de France, où Sa Majesté entra à dix heures du matin; le même jour, le Roi et les Princes allèrent coucher à Cateau-Cambresis, où l'armée royale bivouaqua par un temps froid et pluvieux. Le duc de Berry, pendant le séjour que le Roi fit au Cateau, visita plusieurs fois les bivouacs, et, satisfait de l'ordre qui y régnoit, il dit à plusieurs officiers : « Voilà « comme on apprend son métier en brave « et vrai soldat. » Le 8 juillet, il se mit à la tête de la Maison du Roi, destinée à former le cortége de Sa Majesté, jusqu'à son entrée au château des Tuileries. Lorsque le Prince fût près de quitter ce commandement, il vint témoigner, dans les termes les plus honorables, à tous les officiers de la Maison du Roi, combien il avoit à se louer de leur dévouement et de leur bonne conduite. Il leur ajouta ces paroles au nom de Sa Majesté : « Il vous « reste un devoir non moins important à « remplir dans cette mémorable circonstance, et c'est le Roi qui vous le prescrit: vous « garderez un silence absolu, lors même que « les cris expirans de la révolte, ou quelques « débris des signes de la rébellion, vien« droient exciter votre indignation. »

Depuis cette époque, monseigneur le Duc de Berry vécut assez retiré; il ne négligea cependant aucune occasion de se concilier l'affection des militaires. Le 30 juillet, il dit aux officiers du 10e. régiment de ligne qui lui furent présentés : « J'ai une permission à vous

« demander ; c'est de porter votre uniforme « quand j'irai au-devant de mon frère. » Au mois d'août suivant, le Roi le nomma président du collége électoral du département du Nord ; et le Prince arriva à Lille le 18. Sa présence excita un enthousiasme général dans cette ville qui avoit montré, sous l'usurpateur, tant de fidélité à la cause royale. Le Duc de Berry répondit au discours que lui adressa le préfet du département : « Le Roi et la pa-« trie sont inséparables, et l'amour unit le « Roi à ses peuples par une chaîne indisso-« luble : qui pourroit rompre cette chaîne, « dont le département du Nord et la ville de « Lille forment le plus solide anneau ? La « mission de présider le collége électoral de « ce département est la plus haute faveur que « le Roi pouvoit m'accorder. » Plein d'une vive reconnoissance pour la ville de Béthune, où il avoit été si bien accueilli quelques mois plus tôt, il désira y faire un voyage, et il répondit en ces termes au discours du corps municipal : « Messieurs, j'ai voulu revoir les

« habitans de cette bonne ville, leur témoi-
« gner toute ma sensibilité pour la conduite
« qu'ils ont tenue envers nous dans des cir-
« constances malheureuses et où ils semblè-
« rent redoubler de fidélité et de dévouement.
« Nous n'oublierons jamais l'accueil que nous
« avons reçu ici. » S'adressant ensuite au maire qui l'avoit harangué : « M. Duplaquet,
« ajouta le Prince, vous n'avez oublié qu'une
« chose dans votre discours : vous n'y parlez
« pas des services que vous nous avez ren-
« dus. »

Le 13 août, monseigneur le Duc de Berry ouvrit le collége électoral par ce discours où règne une noble simplicité :

« Le plus aimé de vos rois, Henri IV,
« après de longues guerres intestines, ras-
« sembla les notables de son royaume à
« Rouen, et leur demanda des conseils ;
« ainsi que lui le Roi, mon auguste seigneur
« et oncle, d'après la constitution qu'il a

« donnée lui-même à son peuple, s'adresse
« en ce moment à vous, et me nomme par-
« ticulièrement pour être son organe auprès
« du département du Nord. Je ne parlerai
« point de leur fidélité aux habitans d'un
« pays, berceau de la monarchie; je ne re-
« mercierai point de son dévouement ce
« peuple qui rappelle si bien ces Francs, gé-
« néreux et guerriers, dont il est descendu
« le premier; je me bornerai à vous dire,
« Messieurs, que le Roi, après vingt-six ans
« de troubles et de malheurs, a besoin d'in-
« terroger le cœur de ses sujets, dont il juge
« d'après le sien. Ne pouvant réunir autour
« de lui tous les Français, dont il est, vous
« le savez, bien moins encore le monarque
« que le père, il vous demande de lui adres-
« ser, non ceux de vous qui l'aiment davan-
« tage, ce choix seroit impossible et vous y
« voleriez tous, mais ceux qui, dignes inter-
« prètes de votre pensée, porteront au pied
« de son trône cet oubli du passé, cette con-
« noissance du présent, ce coup d'œil dans

« l'avenir, ce respect pour la Charte consti-
« tutionnelle, cet amour pour sa personne
« sacrée, enfin cette abnégation de soi-même
« qui seule peut assurer le bonheur de tous. »

De si nobles sentimens, si noblement exprimés, méritoient sans doute à ce digne Prince un autre sort. Ce fut aussi vers cette époque que, voulant témoigner aux habitans d'Alost combien il avoit été sensible à l'hospitalité qu'il y avoit reçue, il envoya un riche présent à l'habitant chez lequel il avoit logé; il accompagna ce présent d'une somme de 1,000 fr. pour les pauvres de la ville. Avant de quitter Lille, le Duc de Berry remit aussi au préfet une somme considérable avec la même destination. Le 4 septembre, en présentant au Roi le collége électoral du département du Nord, il s'exprima en ces termes : « Loin de
« dissimuler à Sa Majesté les transports dont
« je viens d'être témoin, je me hâterois de les
« lui peindre, si l'expression pouvoit rendre
« la pensée ; oui, Sire, je peux parler de ces

« transports, de cet amour, dont j'ai re-
« cueilli tant de témoignages ; car ce n'est
« point vers moi, mais vers Votre Majesté,
« que s'élevoient ces élans des cœurs. C'est
« un Prince qui a le bonheur de lui apparte-
« nir de si près, que le collége électoral a vu
« dans son président; et la joie des bons ha-
« bitans du Nord n'a été, Sire, que l'expres-
« sion franche de la reconnoissance, en
« croyant trouver dans le choix de Votre
« Majesté la plus noble comme la plus douce
« récompense de leur fidélité. »

Peu de temps après, le Duc de Berry adressa, au préfet du Nord, une lettre écrite de sa main, et qui finissoit par ces mots : *Dites à tous vos bons Lillois combien je les aime.* Henri IV leur avoit dit aussi, en les quittant : *Désormais entre nous, à la vie, à la mort.*

L'événement le plus remarquable de la vie du Duc de Berry, celui auquel devoient s'attacher les plus grandes destinées, fut, sans contredit, son mariage avec la princesse Marie-Caroline-Thérèse, fille aînée du Prince royal des Deux-Siciles, née le 5 novembre 1798. Ce mariage fut annoncé à la Chambre des Pairs et à celle des Députés, le 28 mars 1816 Les ministres proposèrent de fixer à un million par an la somme que cet événement devoit faire ajouter à l'apanage de monseigneur le Duc de Berry; la Chambre des Députés y ajouta 500,000 francs de plus. Mais le Prince prit aussitôt la résolution de consacrer cet excédant au soulagement des départemens qui avoient le plus souffert de la guerre.

Lorsque la grande députation de la Chambre des Députés, chargée de complimenter le Roi et le Duc de Berry sur cet événement, eut rempli sa mission auprès du jeune Prince, elle en reçut cette noble et touchante réponse :

« Je suis bien sensible aux vœux que la

« Chambre des Députés fait pour mon bon-
« heur : celui de la France sera toujours le
« plus ardent de mes désirs ; j'aurai, je l'es-
« père, des enfans qui, comme moi, trou-
« veront inné dans leur cœur l'amour des
« Français.

« Je vous vois toujours, Messieurs les Dé-
« putés, avec un nouveau plaisir ; je voudrois
« pouvoir exprimer à chacun de vous en
« particulier mes sentimens. »

La jeune princesse débarqua à Marseille, dans les premiers jours du mois de juin, et en traversant la France pour se rendre dans la capitale, partout elle fut accueillie par des transports d'allégresse ; ces transports éclatèrent de même à son entrée à Paris, et surtout dans les cérémonies et les fêtes auxquelles ce mariage donna lieu. Il fut célébré le 17 juin, dans la cathédrale, en présence de toute la Cour et des autorités de cette ville.

Cette époque du 17 juin étoit d'un mauvais

présage, et je me rappelle que, dans un article de journal, je fis alors des vœux pour que le 17 juin 1816 fût plus heureux pour la France que ne l'avoit été le 17 juin 1789; jour où des députés infidèles et parjures osèrent se mettre au-dessus du Roi et de toutes les lois constitutives de la monarchie en se déclarant Assemblée nationale et seule autorité légitime. Le Duc et la Duchesse de Berry signalèrent leur union par des bienfaits journaliers. L'année 1817, qui fut si malheureuse par l'inclémence du ciel et par la disette, fit briller du plus bel éclat la générosité ou plutôt la charité des Princes de la famille royale. Le Duc de Berry avoit tellement contracté le goût de la bienfaisance, qu'il dépensoit par an plus de 300,000 francs en aumônes et bonnes œuvres. Il donnoit régulièrement par mois six à sept mille francs pour les pauvres de sa paroisse. Ses ennemis, exagérant ses foiblesses, ont calomnié ses vertus, et ont de longue main aiguisé le poignard sous lequel ils vouloient le faire tomber.

Après deux accouchemens malheureux, la duchesse de Berry venoit enfin de mettre au monde une jeune princesse qui faisoit les délices et l'espoir des deux époux ; et déjà une quatrième grossesse faisoit espérer que les vœux de la France et des Bourbons seroient enfin comblés. C'est dans cette circonstance que le duc de Berry tombe tout-à-coup sous le fer d'un assassin, et qu'un monstre plonge la Famille Royale et les peuples dans le deuil.

Le dimanche, 13 février 1820, on donnoit, par extraordinaire, à l'Opéra, un spectacle composé du *Rossignol*, des *Noces de Gamache*, et du *Carnaval de Venise*. Le duc et la duchesse de Berry s'y étoient rendus à huit heures. Quelques minutes avant la fin du dernier ballet, madame la duchesse témoigna le désir de se retirer. Le duc l'accompagna jusqu'à sa voiture, lui donna la main pour y monter, et un valet de pied ferma la portière. Le prince alloit rentrer et étoit déjà retourné pour remonter l'escalier, lorsqu'un individu s'élance sur lui, le saisit fortement par l'épaule gauche, et élevant le bras au-dessus de l'épaule droite, lui enfonce, au-dessous du sein droit, entre la cinquième et la sixième côtes, un instrument aigu à deux tranchans, de la longueur de sept à huit pouces, attaché à une poignée de bois grossièrement travaillée. Le coup fut assené avec tant de force, que l'instrument pénétra de cinq pouces dans le corps du prince, alla traverser l'oreillette du cœur, et fit une légère lésion au diaphragme. Le *nouveau Ravaillac*, Pierre-Joseph Louvel, sellier de profession, étoit employé depuis trois mois dans la propre sellerie du Roi. Il avoit été, sous Buonaparte, soldat du train d'artillerie de la Garde.

Au moment où le prince se sentit frappé, il porta la main à sa blessure, et retirant lui-même de la plaie le fer meurtrier, il s'écria : *Je suis assassiné!* A ce cri, la duchesse s'élance hors de la voiture, et va soutenir dans ses foibles bras son époux chancelant, dont le sang couloit en abondance et rejaillissoit sur elle. On porte à l'instant le prince dans la salle de l'administration de l'Opéra, où l'on dresse à la hâte une espèce de lit de camp, formé de banquettes et de matelas appartenant à l'établissement. On court chercher des secours; quelques hommes de l'art, qui habitent dans le voisinage, sont bientôt auprès du prince: c'étoient les docteurs Bougon, Blancheton, Thérin, Lacroix, Caseneuve et Drogart; ils lui donnent les premiers soins. Les docteurs Dupuytren, Dubois et Roux arrivent ensuite; on étoit allé les chercher à leur domicile qui est très-éloigné de l'Opéra.

Après avoir consommé son forfait, l'assassin avoit cherché à s'évader; il étoit déjà parvenu à tourner la rue Richelieu, mais aux cris des témoins de son crime, Jean Paulmier, garçon limonadier du café Hardi, accourut, et le voyant s'enfuir précipitamment près de l'arcade Colbert, lui barra le chemin en étendant les bras et le retint étroitement serré; aussitôt Desbiez, chasseur au quatrième régiment de la Garde Royale, arrive, frappe le meurtrier, le renverse, et avec l'aide de Paulmier, le remet à la gendarmerie du théâtre. Ce brave chasseur étoit en sentinelle au spectacle; malheureusement le prince se trouvoit entre lui et l'assassin, ce qui ne lui permit d'apercevoir aucun des mouvemens de ce dernier. Mais, après le coup fatal, il s'élança avec une telle impétuosité, qu'il renversa le duc; il poursuivit le scélérat jusqu'au lieu où Paulmier l'avoit déjà saisi.

Traîné au corps-de-garde sous le vestibule de la salle, Louvel fut interrogé en ces termes, par monsieur le comte de Clermont :

— « Monstre! qui a pu te porter à commettre un pareil attentat?

— « J'ai voulu délivrer la France de ses « cruels ennemis.

— « Par qui as-tu été payé, pour te rendre « coupable d'un tel crime ?

L'assassin, avec beaucoup d'arrogance :

— « Je n'ai été payé par personne. »

On trouva sur Louvel un autre instrument, nommé *tire-point*, dont il n'eut pas le temps ou la présence d'esprit de se servir.

Pendant que ceci se passoit, on étoit allé avertir MONSIEUR, qui vint seul avec l'évêque d'Amyclée dans la voiture d'un de ses aides-de-camp ; il étoit déjà auprès du lit de son malheureux fils. On conçoit aisément tout ce que cette scène eut de déchirant. Quelques minutes après, arrivèrent MADAME et monseigneur le duc d'Angoulême. Monseigneur le duc et madame la duchesse d'Orléans, qui assistoient au spectacle, s'étoient empressés de se rendre près du duc de Berry. Ils furent bientôt suivis de monseigneur le duc de Bourbon, à qui le spectacle qu'il avoit sous les yeux, rappela d'affreux souvenirs.

Dès que monseigneur le duc de Berry fut étendu sur son lit de douleur, ses premières paroles furent celles-ci : *ma fille et monsieur l'évêque d'Amyclée.* L'infortuné prince reconnut les personnes qui l'entouroient. On distinguoit parmi elles Mr le maréchal duc de Reggio, Mr le général Belliart, Mr le duc de Richelieu, Mr de Châteaubriand, etc. etc. S. A. R. leur parla avec une touchante affection, en leur annonçant sa fin prochaine. Le médecin ayant remarqué que le pouls avoit repris de la force ; *tant pis*, dit le prince, *j'aurai plus long-temps à souffrir.* Il éprouvoit, en effet, des douleurs aiguës. Bientôt on lui apporta MADEMOISELLE, qu'on plaça sur son lit de douleur, et qu'il embrassa avec tendresse, en lui disant : *Chère enfant, puisses-tu être plus heureuse que ton père !* Le prince s'entretint ensuite tout bas avec son auguste frère.

Cependant les plus habiles praticiens avoient, par les secours de l'art, apporté d'abord quelque adoucissement aux douleurs. Les saignées à l'un des bras et aux deux pieds avoient eu du succès; on avoit extrait, de l'intérieur de la poitrine, plusieurs verres de sang qui y étoit épanché. La plaie extérieure débridée laissoit un libre passage à l'écoulement du sang; mais tout fut inutile : le mal étoit au-dessus de toutes ressources; et le prince en étoit si convaincu, qu'il répéta plusieurs fois au docteur Dupuytren : « Je « suis bien touché de vos soins, mais ils ne « sauroient prolonger mon existence; ma « blessure est mortelle. »

Dans cette persuasion, le duc de Berry, comme un digne fils de saint Louis, tourna toutes ses pensées vers la religion. Après avoir écouté les paroles du ministre de Dieu, il confessa à haute voix, en présence de sa famille et de tous les assistans, les fautes dont il se reconnoissoit coupable. Il fit cette confession avec autant de simplicité que de résignation, et il demanda pardon à Dieu de ses offenses, et aux hommes du scandale qu'il avoit pu leur donner. M. le curé de Saint-Roch, qui avoit été mandé, lui administra les sacremens de l'Eglise.

Après avoir ainsi satisfait aux devoirs de la religion, l'infortuné prince crut pouvoir s'occuper plus particulièrement des objets de ses plus chères affections. Il embrassa sa fille et lui donna sa bénédiction. Monsieur, Madame, monseigneur le duc d'Angoulême, à genoux au pied du lit de la victime, passèrent toute cette nuit terrible dans les larmes et dans les prières; ils demandoient au ciel d'adoucir les maux du prince et formoient pour sa conservation des vœux qui ne devoient pas, qui ne pouvoient plus être exaucés. Leurs prières furent vingt fois interrompues par les paroles du prince qui, au milieu des plus cruelles souffrances, ne cessoit de demander la grâce de son assassin.

Le Roi, qu'on avoit cru ne devoir avertir

que lorsqu'il ne restoit plus aucune lueur d'espérance, arriva sur les cinq heures et demie. Déjà les symptômes étoient devenus plus graves ; la difficulté de respirer et la douleur étoient au comble ; cependant la vue du monarque sembla redonner quelques forces au duc de Berry, et il employa ses derniers momens à solliciter de nouveau en faveur de Louvel la remise de la condamnation capitale.

« Sire, disoit-il d'une voix déjà expirante, « Sire, grâce pour l'*homme* qui m'a frappé !... « grâce pour l'*homme* (c'est toujours ainsi « qu'il eut la générosité de le nommer). Sans « doute c'est quelqu'un que j'aurai offensé sans « le vouloir. »

Le Roi répondit avec l'accent de la plus profonde affliction :

« Mon fils, vous survivrez, je l'espère, à ce « cruel événement ; nous en parlerons : la

« chose est importante, et vaut la peine d'être « examinée à plusieurs fois. »

Les médecins, qui voyoient de minute en minute approcher le fatal moment, pressoient avec les plus vives instances S. M. de s'épargner la vue du tableau douloureux qui se préparoit. « Je ne crains pas le spectacle de « la mort, répondit le Roi; j'ai un dernier « soin à rendre à mon fils. » Madame se précipitant alors à genoux, prit les mains du mourant et s'écria : *Mon père vous attend, dites-lui de prier pour la France et pour nous.* Dans cet instant le prince expira. Le Roi, prenant le bras de M. Dupuytren, s'approcha du lit, ferma les paupières de son neveu et lui adressa un dernier adieu. Alors les sanglots redoublèrent; les gémissemens retentirent avec tant de force, qu'ils franchirent l'enceinte de la salle et annoncèrent au peuple assemblé en foule sous les fenêtres qu'il avoit un ami, un bienfaiteur de moins, que le duc de Berry avoit vécu.

Par un de ces jeux inexplicables du destin, le lit sur lequel le prince fut transporté après sa blessure, est le premier lit sur lequel il reposa à l'époque de son arrivée en France. M. Grandsire, habitant pour lors Cherbourg, avoit eu l'honneur de l'offrir à M. le baron de Molini, préfet maritime, pour le duc de Berry, au moment de son débarquement. M. Grandsire, aujourd'hui secrétaire-général de l'administration de l'Opéra, apporta ce même lit à Paris, et il a eu la douleur d'y voir expirer S. A. R.

Madame la duchesse de Berry n'abandonna pas un instant son auguste époux. Dans un de ces momens où, partagée entre le désir d'adoucir ses souffrances par ses soins affectueux et l'idée cruelle de leur impuissance, elle paroissoit prête à s'abandonner à son désespoir, le prince la regardant avec attendrissement, la conjura *de se ménager pour l'enfant qu'elle portoit dans son sein*. Cette parole confirma la réalité qu'on soupçonnoit déjà, et laissa au moins à la France l'espoir d'une consolation incertaine, il est vrai, mais qu'elle saisit avec avidité.

Un jeune homme touchoit le sang qui couloit de la blessure du prince : « Que faites-vous? lui dit-il en le repoussant avec douceur, ma blessure est peut-être empoisonnée. »

Dans un autre moment, on entendit le prince dire avec une émotion profonde : Qu'il est cruel pour moi de mourir de la main d'un Français! Ah! pourquoi n'ai-je pas trouvé la mort dans les combats!

Quelques instans avant que le Roi eût ordonné à la duchesse de Berry de se retirer, lorsque son époux, sentant approcher sa fin, lui témoignoit le repentir de quelques erreurs passagères, et des chagrins qu'elles avoient pu lui occasionner : « Ah! s'écria-t-elle, « en fondant en larmes, je le savois bien que « cette belle âme étoit créée pour le ciel, et « qu'elle y retourneroit. » Alors le prince lui dit d'une voix déjà éteinte : « Pour mourir « heureux, il faut que je meure dans tes bras, « chère Caroline. »

Ce furent les dernières paroles d'une dernière entrevue : car sur un signe du Roi, la duchesse fut entraînée, plutôt que conduite, dans un appartement voisin. Le duc de Berry, quelques instans auparavant, avoit fait des dispositions verbales en faveur de plusieurs personnes qu'il affectionnoit. Il les avoit recommandées à la justice bienveillante de son père et de sa femme. Il demanda à voir M. de Nantouillet, qui depuis trente ans est le premier officier de sa maison ; en le voyant entrer, il lui dit : « Venez, mon vieil ami, je « veux vous embrasser avant de mourir. » M. de Nantouillet ne répondit qu'en se jetant aux pieds du prince et en les baignant de ses larmes.

Madame la duchesse de Berry, en quittant le Roi, lui dit, avec l'accent du désespoir :

« Sire, je demande à Votre Majesté la per-
« mission de me retirer auprès de mon père ;
« je ne pourrai jamais habiter la contrée où
« je perds mon mari par un crime aussi
« atroce. »

Rentrée dans ses appartemens, la princesse aperçut dans une glace le désordre de sa belle chevelure : « Voilà, s'écria-t-elle, les cheveux « que ce pauvre Charles aimoit tant ! » Aussitôt, elle prend des ciseaux, et les coupe elle-même.

Une autre scène également touchante se passa aux Tuileries, le jour de la mort du duc de Berry. Monseigneur le duc de Bourbon vint apporter quelques paroles de consolation à la douleur qui déchiroit l'âme de MONSIEUR. Plusieurs personnes conjurèrent en vain Son Altesse Sérénissime de retarder une entrevue si triste. « Non, répondit le prince, puisque
« je vis encore, je dois profiter des jours que
« la Providence m'a laissés pour aider mon

« cousin à supporter un malheur que j'ai « moi-même éprouvé. » Lorsqu'on ouvrit les portes de l'appartement de MONSIEUR, monseigneur le duc de Bourbon ne put résister aux sentimens qui l'oppressoient ; ses forces l'abandonnèrent ; MONSIEUR se précipita aussitôt pour le soutenir ; et ces deux pères infortunés restèrent long-temps enlacés dans les bras l'un de l'autre.

Mais revenons à l'exécrable assassin. A peine eut-il été conduit dans la pièce où il subit son premier interrogatoire, qu'une porte d'un corridor assez éloignée fut fermée avec force ; le bruit sourd et prolongé qu'elle causa fit tressaillir l'assassin, et excita sur sa figure, naturellement froide et immobile, une impression de joie plutôt que de surprise. « Je crois, « s'écria-t-il brusquement, que j'entends le « canon. »

Pour expliquer le sens qu'il attachoit à ces paroles, peut-être ne faut-il que les rapprocher de ce qui lui échappa peu de temps après. On vouloit lui persuader qu'il avoit manqué son coup : « Oh! répondit-il, je suis « bien tranquille ; il mourra avant moi ; et si « vous voulez que je meure, faites-moi exé« cuter avant les vingt-quatre heures, car « vous ne savez pas ce qui peut arriver. » On lui demanda s'il était Français. « Ne voyez« vous pas, reprit-il, à ma figure que je suis « *un bon Français?* »

L'assassin fut interrogé dans les formes légales, par M. le comte Decazes, par M. le comte Anglès, et par M. le procureur-général, en présence de M. le baron Pasquier et de M. le comte Siméon. Voici le précis de ce nouvel interrogatoire, qui n'est qu'une confirmation et un développement du premier.

Demande. Qui vous a porté au crime que vous venez de commettre?

Réponse. Mes opinions, mes sentimens.

D. Quelles sont ces opinions, ces sentimens ?

R. Mes opinions sont que les Bourbons sont des tyrans et les plus cruels ennemis de la France.

D. Pourquoi, dans cette supposition, vous êtes-vous attaqué de préférence à monseigneur le duc de Berry ?

R. Parce que c'est le prince le plus jeune de la famille royale, et celui qui semble destiné à perpétuer cette race ennemie de la France.

D. Avez-vous quelque repentir de votre action ?

R. Aucun.

D. Avez-vous quelque instigateur, quelque complice ?

R. Aucun.

Voici le précis d'un autre interrogatoire que Louvel subit en présence du corps de sa victime, de M. le comte Anglès, magistrat interrogateur, de M. Jacquinot de Pampelune, procureur du Roi, de MM. Bourguignon, Mars, et de plusieurs autres membres du parquet.

D. Reconnoissez-vous le prince que vous avez assassiné?

R. Je le reconnois.

D. Je vous somme, encore une fois, de révéler le nom de vos complices.

R. Je n'en ai pas.

D. Si la justice des hommes ne peut vous engager à dire la vérité, songez à la justice de Dieu.

R. Dieu n'est qu'un mot; il n'est jamais venu sur terre.

D. Qui a pu vous porter à commettre une action si criminelle?

R. J'aurois voulu me retenir, que je n'aurois pas pu.

D. Quel a été votre motif?

R. Cela servira de leçon aux grands de mon pays.

D. Persistez-vous à dire que personne ne vous a inspiré l'idée de ce crime?

R. Oui. Mais, au reste, la justice est là; qu'elle fasse son devoir, et qu'elle découvre ceux qu'elle présume être mes complices.

Une heure après la mort de S. A. R. monseigneur le duc de Berry, son corps fut transféré au Louvre, comme autrefois celui de Henri IV, après l'attentat de la rue de la Ferronnerie. Il fut déposé dans l'une des pièces de l'appartement de M. le marquis d'Autichamp, gouverneur du palais. Dès cet instant, les gardes-du-corps de MONSIEUR prirent le service intérieur de ce gouvernement, et la circulation en fut interdite. On prépara, dans les pièces donnant sur la rivière, en face du pont des Arts, une chapelle ardente, où le corps est resté exposé jusqu'au 22, jour où il a été transporté à Saint-Denis.

La Cour royale fut convoquée extraordinairement en assemblée des Chambres; elle fut présidée par M. le baron Séguier, premier président, pair de France, et reçut la plainte de M. le procureur-général contre l'assassinat de monseigneur le duc de Berry. Elle ordonna, aux termes des articles 235 et 236 du Code d'Instruction criminelle, que l'instruction seroit faite immédiatement devant la Cour royale. M. le président de Merville fut nommé juge instructeur; mais le Roi ayant renvoyé l'assassin devant la Cour des Pairs, l'ordonnance de la Cour royale est restée sans effet.

Les deux Chambres législatives ayant été convoquées, votèrent chacune une adresse au Roi ; celle des Pairs étoit conçue en ces termes :

« SIRE,

« Au moment où nous étions occupés à « rédiger une adresse pour exprimer à Votre « Majesté nos regrets et notre douleur, nous « avons reçu l'ordonnance royale qui nous « constitue en Cour judiciaire. Cette ordon- « nance, en nous traçant nos devoirs, nous « empêche de vous exprimer ce que nos cœurs « éprouvent ; mais nous avons la douce cer- « titude que Votre Majesté comprendra notre « silence. »

Le Roi a répondu ce peu de mots :

« Je n'ai jamais douté du dévouement de « la Chambre des Pairs. L'expression de ses « sentimens pénètre mon cœur que rien ne « peut consoler. Je compte sur vous pour « concourir aux mesures que je vous propo- « serai très-incessamment. »

La Chambre des Députés présenta l'adresse suivante :

« Sire,

« Nous n'essayerons pas de peindre l'horreur que cause à vos fidèles sujets de la Chambre des Députés, l'attentat qu'a enfanté la dernière nuit. Nous venons mêler notre douleur à la profonde douleur de Votre Majesté. Déjà la consternation répandue dans toutes les classes du peuple de cette capitale, exprime l'indignation publique; en voyant qu'une main parricide a porté la mort dans le sein du Prince que nous pleurons, la France formera le vœu de voir resserrer les liens qui unissent le peuple Français à votre auguste Maison, sans laquelle la paix ni la liberté publique ne peuvent subsister.

« Mais Votre Majesté attend de ses fidèles sujets de la Chambre, plus de force d'âme; le caractère du crime, les suites qu'il peut

« avoir, tout nous porte à penser que Votre « Majesté veille au salut de son peuple, « comme nous veillerons à la conservation « de sa dynastie.

« C'est dans l'adversité surtout, que les « rois se montrent au-dessus des autres hom- « mes. Persuadés que la grandeur d'âme de « Votre Majesté surmonte sa douleur pour « prévenir les conséquences d'un exécrable « forfait, nous sommes prêts à concourir, « avec autant d'énergie que de dévouement, « dans l'ordre de nos devoirs constitution- « nels, aux mesures que la sagesse de Votre « Majesté jugera nécessaires en de si graves « circonstances. »

Le Roi a répondu : « Je suis profondément « touché de la part que la Chambre prend « à ma juste douleur. Je vois avec satisfaction « qu'elle se dispose à concourir à mes vues « dans cette grave circonstance. Elle ne sau- « roit en douter : homme par le cœur et Roi

« par devoir, je prendrai toutes les mesures « propres à préserver l'Etat des dangers dont « l'attentat d'aujourd'hui ne m'avertit que « trop. »

Parmi les adresses présentées par les différens corps constitués, nous croyons devoir citer celle de la Cour royale de Paris, parce qu'elle a frappé vivement ceux qui l'ont entendue, et qu'elle exprime des sentimens dignes de notre antique magistrature. C'étoit M. le baron Séguier, premier président, qui portoit la parole.

« Sire,

« Vous dire que nous sommes Français et « pères, c'est vous exprimer combien le coup « qui a frappé votre cœur royal, a pénétré « profondément dans nos âmes.

« Mais, sans plus vous exposer des regrets « tardifs et des larmes vaines, nous remplacerons les accens de la plainte par ceux de « la vérité.

« Oui, Sire, il existe une conspiration
« permanente contre les Bourbons, et dans
« la consternation générale, on a vu des joies
« féroces. Le sang si pur, qui a déjà tant
« coulé, n'auroit-il qu'irrité la soif? Ah! Sire,
« veillez sur vous, veillez sur tout ce qui vous
« entoure; nous vous en conjurons, au nom
« de la société désolée du présent, épouvan-
« tée de l'avenir. Daignez songer sans cesse
« à la conservation de ce qui nous reste d'une
« race si précieuse, si nécessaire au repos de
« la France et de l'Europe.

« Si Votre Majesté pensoit que les magis-
« trats pussent la servir encore efficacement,
« rendez-leur des moyens dont l'utilité n'est
« point oubliée; et quelque dure, quelque
« périlleuse que devînt leur condition, rien
« ne les rebutera, rien ne les arrêtera; satis-
« faits de mettre leurs corps au-devant des
« traits dirigés contre votre personne sacrée
« et votre famille auguste, ils n'auront d'autre
« pensée que celle du devoir, d'autre ambi-

« tion que celle de la fidélité, et leur récom-
« pense sera dans leurs sacrifices. »

Le 22 février, en vertu des ordres du Roi, le corps de monseigneur le duc de Berry a été transféré à Saint-Denis. Le convoi est sorti du Louvre, à neuf heures et demie, et s'est dirigé par les quais dans la rue Saint-Denis. Les habitans des rues par lesquelles devoit passer le cortége, avoient payé leur tribut à la douleur publique, en couvrant leurs maisons de tapisseries blanches avec des emblêmes de deuil. Une haie de gardes nationaux et de soldats des légions, contenoit la foule qui se pressoit auprès du char funèbre; la musique des corps, les tambours voilés et les cloches mêloient leurs sons lugubres, et concouroient à augmenter l'affliction générale.

Les légions, l'arme sous le bras, marchant en silence, précédoient le convoi; le commandant de la place étoit à la tête d'un escadron de dragons des chasses; venoit ensuite le commandant du département, suivi de plusieurs compagnies d'invalides, des détachemens de hussards, de lanciers et de chasseurs de la garde royale et de quatre compagnies d'artillerie.

Les quatre escadrons de la garde nationale à cheval et six légions marchoient ensuite ; on voyoit le drapeau noir flotter dans leurs rangs. Le corps des pompiers, suivi de plus de douze cents officiers de tout grade et de toute arme, précédoient six cents pauvres vieillards et deux cents pauvres femmes portant une torche allumée et couverts d'un drap funèbre : on pouvoit lire sur leur physionomie qu'ils avoient perdu leur bienfaiteur.

Deux cents ecclésiastiques du chapitre et des paroisses de la capitale marchoient devant le corps en chantant l'office des morts.

Un grand nombre de voitures de deuil étoient occupées par la Maison du Prince ; les chevaux étoient richement caparaçonnés en noir; quatre Maréchaux, dans une voiture, portoient les honneurs et insignes du Prince.

Venoient ensuite les héraults d'armes de France.

M. l'évêque d'Amiens, premier aumônier de S. A. R. madame la duchesse de Berry, ayant à ses côtés MM. les curés de Saint-Germain-l'Auxerrois, de l'Assomption et de Saint-Roch, précédoient le magnifique corbillard, tendu en velours noir avec broderies et franges d'argent, et surmonté d'une couronne ducale, supportée par quatre génies célestes portant des flambeaux renversés.

Le cheval de bataille du Prince, couvert d'un long crêpe noir, étoit conduit à la suite du char funèbre; il étoit immédiatement suivi par un escadron des gardes-du-corps de MONSIEUR.

Des corps nombreux de la garde nationale et de la garde royale fermoient le cortége.

On a remarqué les corporations des Forts de la halle et des Charbonniers, marchant avec un grand recueillement.

Des Français de tous les rangs et de tous les âges s'étoient mêlés aux personnes appelées à cette imposante et triste cérémonie. Les draperies funèbres de la ville de Saint-Denis et du portail annonçoient au loin quel en étoit l'objet ; elles étoient parsemées du chiffre du Prince et des armes de France.

La nef, le chœur et le sanctuaire de l'église royale étoient tendus de noir, relevé par trois rangs de lettres avec larmes, et aussi par les chiffres du Prince et des écussons de France.

Au milieu du chœur étoit un catafalque à trois degrés : c'étoit un piédestal supportant un tombeau antique, au-dessus duquel règne un obélisque ; le tout étoit recouvert du manteau du Prince, de drap d'or, et voilé d'un long crêpe ; l'ensemble du monument étoit surmonté d'un pavillon suspendu à la voûte.

S. A. S. monseigneur le duc d'Orléans, comme premier prince du sang, dirigeoit le deuil, au nom de S. M.; il étoit assisté de M. le duc de Duras, premier gentilhomme.

Le corps arriva à trois heures à la principale porte de la basilique; le chapitre et le clergé l'attendoient; M. l'abbé Grandchamp, doyen du chapitre, adressa à S. A. S. et à l'assistance le discours suivant:

« Monseigneur,

« Comment exprimer la douleur profonde « qui nous accable? À peine sortis de cette « basilique, où l'élite de la France s'étoit « réunie pour expier le crime des régicides, « il paroît tout-à-coup un monstre qui, par « l'attentat horrible commis sur l'auguste per- « sonne de très-haut et très-excellent prince « monseigneur le duc de Berry, fils de France, « vient ensanglanter les marches du trône « des Bourbons, et replonger la France et « l'Europe entière dans le plus grand deuil.

« L'auteur de ce crime auroit-il plongé le « poignard dans le sein du meilleur des « princes, si son âme n'avoit été nourrie « des principes monstrueux de l'athéisme, « qui ne cesse de blasphémer le Dieu qu'il « redoute? Arrête donc ta rage, perfide phi- « losophie!

« Que le temps ne permet-il de parler des « qualités de ce malheureux Prince, l'espé- « rance du trône et de la patrie, père tendre, « fils soumis, sujet fidèle et plein de charité « pour les malheureux! Pour peindre la bonté « de son âme, l'éloquence n'est pas néces- « saire; il suffit de rappeler sa déchirante ago- « nie de six heures : quel amour pour son « pays! quelle magnanimité dans le pardon « de son infâme meurtrier! Son sang coule, « et il demande grâce!

« O vous, qui assistez à cette lugubre cé- « rémonie, venez unir vos prières aux nôtres, « afin d'obtenir du Dieu des miséricordes,

« du Dieu de saint Louis, qu'il daigne ne « pas séparer dans le ciel ceux que la même « tombe va réunir. »

Immédiatement après ce discours, on a chanté le *De profundis*, pendant que douze gardes-du-corps de MONSIEUR transféroient le corps, et qu'on plaçoit le cercueil dans le tombeau pratiqué dans le catafalque. MM. le maréchal duc de Conegliano, le maréchal marquis de Vioménil, le lieutenant-général comte de Béthisy, le lieutenant-général comte Dupont portaient les coins du drap mortuaire.

Cinq héraults d'armes environnoient le tombeau, le convoi étoit composé d'un très-grand nombre de personnes décorées des premiers ordres de l'Etat, parmi lesquelles on remarquoit MM. les maréchaux duc de Tarente, de Reggio, de Trévise; MM. le duc Doudeauville, le comte Desèze, le marquis de Marbois, et une foule de lieutenans-généraux, de maréchaux-de-camp et d'officiers supérieurs. On remarquoit aussi les maires de la capitale, le sous-préfet et les autorités du lieu.

Le respectable évêque d'Amiens, et les autres chapelains des princes et de la princesse, étoient auprès du tombeau. Le recueillement le plus profond et le plus religieux a régné pendant toute la cérémonie, et n'étoit interrompu que par les accens de la douleur et les sanglots des personnes qui formoient le deuil; de vieux guerriers versoient des larmes en abondance.

M. de Foucault, chanoine de Saint-Denis, a célébré une basse messe, pendant laquelle on a chanté les *psaumes* d'usage. Les douze porte-drapeaux des légions de la garde nationale parisienne ont orné chacun d'un drapeau funèbre, le tombeau provisoire où est placé, dans la chapelle ardente, le corps du prince.

L'absoute a été faite par M. Grandchamp. Après la cérémonie, qui a fini à quatre heures, monseigneur le duc d'Orléans, après s'être prosterné devant l'autel, a salué l'assistance et s'est retiré.

La légion du Bas-Rhin formoit la haie sur la route depuis la Chapelle jusqu'à Saint-Denis, et la légion de la Meurthe la formoit dans la ville, depuis les ponts jusqu'à la basilique.

Madame la duchesse de Berry, joignant comme son auguste époux la délicatesse à la bonté, et voulant reconnoître le service que Desbiez, garde royal, à rendu à la France en arrêtant Louvel, lui a envoyé une montre d'or d'une valeur considérable, mais dont le plus grand prix est le chiffre de *Charles-Ferdinand, duc de Berry*, gravé sur cette montre par ordre de la donatrice. Cette princesse a fait aussi remettre à Paulmier, qui le premier a arrêté l'assassin, une somme de 1,000 fr. Cetté récompense lui a été envoyée au nom de S. A. R. par madame la duchesse de Reggio.

Le Roi a accordé une pension à ces deux braves Français, et des récompenses à ceux des employés supérieurs et autres de l'Opéra, qui ont eu l'honneur de donner des soins à monseigneur le duc de Berry, à ses derniers momens.

S. A. R. MONSIEUR, ayant envoyé à M. Dupuytren ses honoraires pour les soins qu'il a donnés à monseigneur le duc de Berry, M. Dupuytren a répondu avec un noble désintéressement. MONSIEUR lui a fait remettre une boîte d'or, enrichie de brillans et ornée de son portrait, en le priant d'accepter la boîte pour le portrait.

Sur la proposition de S. E. le ministre de la guerre, le Roi vient d'accorder la décoration de la Légion d'Honneur au garde royal Desbiez.

On a aussi ouvert, au bureau de la *Quotidienne*, une souscription en faveur du courageux garde royal et de Paulmier.

M. de Puymaurin, directeur du Cabinet des Médailles, membre de la Chambre des Députés, toujours prêt à servir la monarchie et à honorer les princes, a fait graver une médaille qui représente monseigneur le duc de Berry, et porte au revers ces mots :

PUGIONE
PERCUSSUS PERIIT
14 FEBRUARIO 1820.

GALLIA SPEM SUAM
CONJUX AMANTEM
MILITES DUCEM
PAUPERES PATREM
PERDIDERE.

Il a été ouvert à l'Hôtel des Monnoies une souscription pour une seconde médaille, destinée à perpétuer le souvenir de cet horrible forfait; on souscrit aussi chez M. *Curmer*, notaire, rue Neuve-Saint-Augustin, n.° 25, pour l'érection d'un monument expiatoire qui sera élevé sur l'emplacement de l'Opéra.

ANECDOTES

RELATIVES

A S. A. R. MGR LE DUC DE BERRY.

NOUS croyons devoir offrir à l'intérêt de nos lecteurs, tout ce que nous avons pu recueillir des paroles ou des actions du prince que nous pleurons avec toute la Fance, ainsi que ce qui s'est dit, fait ou écrit de plus remarquable à l'occasion de sa mort tragique.

Lorsqu'on vint annoncer à monseigneur le duc de Berry, sur son lit de mort, l'arrivée des maréchaux duc d'Albuféra, de Dalmatie, de Reggio : « J'espérois, dit-il, verser un

« jour mon sang au milieu d'eux en combat-
« tant pour la France. »

Quand ce prince débarqua à Cherbourg, en 1814, quelques personnes venues au-devant de lui, le voyant accompagné seulement de ses aides-de-camp, lui conseillèrent d'attendre, pour se montrer, qu'on eût annoncé son arrivée dans la ville. « En me jetant au « milieu des Français, dit-il, je puis bien « trouver des ennemis à combattre, mais je « n'y trouverai jamais un assassin. » Malheureux prince! il ne connoissoit pas les révolutionnaires, ni les forfaits qui naissent de leurs affreuses doctrines.

Un préfet, destitué pour trop d'attachement à la monarchie, étoit allé au Louvre, dans l'espoir de rendre son douloureux et dernier hommage au duc de Berry; mais il trouva la grille fermée, et bientôt entouré de plusieurs groupes, qui s'entretenoient du cruel événement, il remarqua surtout des hommes et des femmes, dont les vêtemens annonçoient une situation voisine de la misère. Il les entendit faire l'éloge du prince et de la princesse; son cœur tressaillit, et il prêta l'oreille. Jamais l'infortuné, disoient-ils, n'éprouva un refus de leur part, et leur charité active alloit chercher, dans son obscur réduit, le malheureux honteux de sa misère, et qui n'osoit implorer leurs secours. *Les pauvres ont perdu leur père*, dit une femme en pleurant, *mais le bon Dieu le récompensera; quant à moi, j'ai mis ma robe au Mont-de-Piété, afin de faire dire une messe pour lui.* Les orateurs, qui font le panégyrique du prince, trouveront-ils un trait plus touchant que celui-là?

Le jour qu'on amena, des ateliers de la ville, la statue de Henri IV, un accident la fit arrêter long-temps à l'entrée de l'allée de

Marigny, du côté de la place Beauveau. MONSIEUR et monseigneur le duc d'Angoulême attendoient, en voiture, à l'extrémité opposée de l'allée, que la statue continuât sa marche. Le duc de Berry, qui étoit sur la terrasse du palais de l'Elysée, reconnut les deux princes, et sortit aussitôt pour aller les rejoindre ; il étoit en frac, nu-tête et sans aucune décoration ; la foule étoit immense, et lui fermoit le passage : place, place, s'écria-t-il plusieurs fois, avec assez de force et même d'impatience. Comme il n'étoit pas reconnu, personne ne bougeoit ; quelqu'un, cependant, arriva près de lui et le nomma ; les rangs s'ouvrirent à l'instant avec un empressement respectueux ; le prince, en les traversant, disoit à droite et à gauche : « Mes amis, « je vous demande pardon, c'est mon père « qui m'appelle, c'est mon frère qui m'at- « tend. » Il seroit difficile de rendre l'effet que fit sur le peuple ce peu de paroles prononcées avec l'impression d'une naïveté à la fois noble et familière. Pendant plus d'un quart-d'heure, le duc de Berry, debout à la portière de la voiture, s'entretint avec ses augustes parens, pressé de la foule qui formoit moit un cercle autour de lui, et qui s'ouvrit de nouveau avec respect quand le prince rentra à l'Elysée. Pendant tout ce temps, on n'entendoit que ces mots répétés à l'envi par les spectateurs: Voyez ces princes, comme ils sont bons! comme ils sont confians! — C'est que ce sont de braves gens, disoit celui-ci. — Ce n'est pas comme cet autre avec ses Mamelouks, ajoutoit celui-là.

Monseigneur le duc de Berry se rendoit, il y a quelque temps, à Bagatelle, dans un cabriolet. En traversant le bois de Boulogne, il aperçut un enfant chargé d'un panier, dont le poids excédoit ses forces. Il arrête son cheval et questionne le petit paysan: — *Mon père m'envoie à la Muette porter ce panier qu'on attend.* — *Mais il paroît bien lourd, ce panier, il te fatigue.* — *Dam, sans doute, mon bon monsieur, mais c'est égal. — Donne-le moi,* répond le prince, *je le remettrai en passant. — Vous êtes bien bon, ce n'est pas de refus.* Le prince fait placer le panier dans son cabriolet, passe à la Muette, le remet à sa destination, revient sur ses pas, descend chez le père de l'enfant et lui dit : *J'ai rencontré ton fils; il ployoit sous le faix dont tu l'avois chargé; je l'ai aidé; son panier a été remis tout-à-l'heure. Une autre fois, épargne-lui tant de peine, des fardeaux si lourds altéreroient sa santé, tu l'empêcherois de grandir. Tiens, achète-lui un âne qui portera ses paniers.* S. A. R. donne alors une bourse au paysan, remonte en cabriolet et reprend la route de Bagatelle.

Monseigneur le duc de Berry passoit en cabriolet sur le boulevard des Italiens ; S. A. R., vêtue très-simplement, conduisoit elle-même. Un individu, qui traversoit imprudemment la chaussée, est atteint par le brancard et renversé. Le prince, qui ne s'en étoit point aperçu, continuoit sa route, lorsqu'un homme se met à crier : *arrête !* Le duc de Berry se rend à cette voix ; les curieux s'amassent autour du cabriolet, et l'individu, qui heureusement n'étoit que légèrement blessé, devint l'objet de leur sollicitude. S. A. R. descend, lui donne sa bourse, et prend son adresse ; mais le même homme qui avoit crié *arrête !* persistoit à vouloir que le cabriolet fût conduit avec le maître chez le commissaire. La foule augmentant, et plusieurs personnes, qui très-probablement avoient reconnu le Prince, l'ayant aidé à remonter, il partit. S. A. R., qui dès le lendemain s'étoit rendue à pied et sans suite au faubourg Saint-Antoine, où logeoit le malheureux qu'elle avoit renversé, apprend que, par une fatalité remarquable, cet homme se trouvoit être déserteur d'une légion ; et croyant n'avoir rien fait en hâtant sa guérison par tous les moyens possibles, le Prince lui sauve l'ignominie d'une condamnation, et le fait amnistier.

Le duc et la duchesse de Berry, allant un jour à Bagatelle dans leur calèche, trouvèrent à la barrière de l'Etoile un dragon de la garde royale, renversé de son cheval et ayant la jambe cassée. Le prince et la princesse mettent aussitôt pied à terre, prodiguent des secours à ce militaire et le font monter dans leur calèche pour le conduire à l'hospice. Ce trait d'humanité a fourni le sujet d'une jolie gravure, qu'on trouve dans l'Annuaire de la Société philantropique de 1819.

Tout le monde sait que monseigneur le duc de Berry étoit président de cette société de bienfaisance, qu'il prenoit part à ses travaux et assistoit à ses réunions générales. Dans le rapport que fit Mr Deleuze, vice-président de cette société, à l'assemblée générale, du 12 mai 1818, il dit que le prince avoit assuré 500 francs par mois, puis avoit accordé 11,000 francs de secours extraordinaires et qu'il avoit pris en outre vingt cartes de dispensaires, qu'il avoit payées comme les souscripteurs, et avoit confiées aux personnes les plus capables d'en faire un bon usage.

Dans un autre rapport, fait par Mr Deleuze, dans la séance du 8 mai 1819, monseigneur le duc de Berry est cité comme ayant fait un don annuel de 6,000 francs, et un don extraordinaire de 3,000, concurremment avec madame la duchesse son épouse. Mr Deleuze terminoit ainsi son rapport:

« Nous n'offrirons point ici à cet auguste « prince le tribut de nos remercîmens, puis- « qu'il jouit le premier du bien qu'il nous met « à portée de faire; mais il nous permettra « de lui transmettre les vœux, la reconnois- « sance et les bénédictions de tant de malades « et d'infortunés qui délivrés de leurs maux « physiques, soulagés dans leur détresse et « rendus à leurs travaux par les secours qu'il « leur a procurés, s'estiment heureux de l'in- « térêt qu'il prend à leur sort. »

Le nom de ce prince généreux étoit associé à tous les établissemens de bienfaisance. Il avoit donné 2,000 francs en argent à la Caisse d'épargnes et de prévoyance qui ne comptoit pas encore quinze mois d'existence. Le 24 janvier dernier, dix-huit jours avant l'horrible assassinat, M. le duc de la Rochefoucault, président de cette association, avoit félicité les fondateurs et administrateurs de la Caisse des secours et de l'appui qu'ils avoient reçus de ce prince.

On se rappelle que feu M. le prince de Condé étoit président suprême de l'Association paternelle des chevaliers de l'ordre royal et militaire de Saint-Louis. M. le duc de Berry, pour donner une preuve constante de son inviolable attachement à ses anciens compagnons d'armes, tint à honneur de succéder au prince en cette qualité. Nous avons vu plus haut qu'il avoit reçu de ce héros les premières leçons de l'art militaire; c'est de lui qu'il avoit dit si noblement en apprenant sa mort : *Nous avons perdu notre vieux drapeau blanc.* L'association paternelle des chevaliers de Saint-Louis a pour but de secourir les défenseurs du trône, réduits à une honorable indigence et succombant sous le poids des années. Cette association pourvoit en outre dans des établissemens fondés à Senlis et à Versailles, à la nourriture, à l'entretien et à l'éducation de fils et de filles de pauvres gentilshommes que la révolution a privés de leur fortune. Il seroit difficile de trouver une institution plus respectable et mieux dirigée. Deux chevaliers français, qu'on trouve toujours sur le chemin de l'honneur, et dont le cœur compatissant s'ouvre à toutes les bonnes œuvres, furent chargés à la fin de 1819, de présider à l'inspection des deux établissemens ; ils eurent la satisfaction de les trouver parfaitement tenus et ils distribuèrent des récompenses aux élèves les plus recommandables par leurs vertus et leurs talens. L'Association paternelle n'avoit pu choisir un plus digne successeur au prince de Condé.

Ces établissemens qui ne font encore que naître, assurent déjà à la France des soutiens éclairés, au Roi des sujets fidèles, et aux familles des enfans soumis et respectueux.

Lorsque monseigneur le duc de Berry rentra en France, il écrivit à M. Provenchère, qui avoit été son sous-gouverneur, pour l'inviter à se rendre près de lui, et lui offrir la place de caissier de sa maison. Cet ancien serviteur, retiré en Amérique, témoigna au prince toute sa reconnoissance, mais lui exposa que son âge et ses infirmités l'empêchoient de passer en France. Monseigneur le duc de Berry eut l'extrême bonté de lui écrire une seconde fois, pour annoncer à M. Provenchère, qu'il toucheroit les appointemens de sa place, quoiqu'il le dispensât de la remplir. En effet, le duc de Berry étoit lui-même son caissier.

L'un des établissemens de charité de Lille se voyoit dans un état de gêne momentané, qui donnoit la crainte qu'il ne pût continuer à secourir tous les pauvres, dont sa fondation lui prescrit le soulagement. Une personne qui en étoit informée, se trouvant à Paris, prit la liberté de se présenter chez S. A. R. monseigneur le duc de Berry, pour lui demander de vouloir bien contribuer, par sa généreuse bienfaisance, à la durée d'une institution qu'il protégeoit. « Je ne me refu-« serai jamais, lui répondit le prince, à toute « demande qui me sera faite au nom de cette « bonne ville de Lille. Les pauvres ont be-« soin de secours, je vais donner des ordres « pour qu'une somme de 1,000 fr. soit expé-« diée. » Puis il ajouta, en souriant avec bonté : « Je ne puis faire davantage, car je « ne suis pas si riche qu'on le croit : la France « a beaucoup souffert, et *nous* avons bien « des charges. »

Pendant le séjour de l'infortuné duc de Berry en Angleterre, ce sol hospitalier qui aura toujours aux yeux de tout vrai Français le mérite de nous avoir conservé nos princes chéris, M. le comte de la Ferronays, ayant eu le malheur d'avoir avec le prince une discussion assez vive, dans laquelle monseigneur le duc de Berry, emporté par cette vivacité de caractère que rachetoient tant de bonté et de vertus, lui avoit adressé des choses assez piquantes, en présence de plusieurs de ses gens, s'étoit vu forcer de quitter le prince, en lui adressant une lettre, où il lui exprimoit toute sa douleur de voir que ses services ne lui étoient plus agréables, et où il supplioit S. A. R. de vouloir bien accepter sa démission.

Le lendemain matin, monseigneur le duc de Berry lui écrivit un mot de sa main, pour l'engager à dîner; le comte de la Ferronnays se rendit aux ordres de S. A. R. Le dîner se passa en silence; une fois rentré dans le salon, le prince se promena quelques minutes avec une grande agitation; puis s'approchant de la cheminée, il sonna avec force, et dit au valet de pied qui entra : Faites venir un tel et un tel (ceux de ses gens qui avoient été témoins de la scène de la veille). Aussitôt qu'ils furent entrés, le prince leur adressant la parole avec noblesse et dignité, leur dit: « Messieurs, vous avez entendu hier les choses beaucoup trop fortes que j'ai adressées à M. de la Ferronnays; je veux que vous soyez aujourd'hui témoins de la réparation que je veux lui faire et que je lui fais ; que la scène qui s'est passée hier ne soit jamais un prétexte pour manquer au respect que vous lui devez : le premier qui auroit ce malheur, je le chasse..... Sortez. » Alors, se retournant vers le comte de la Ferronnays, et lui tendant les bras, il lui adressa ces mots si nobles et si touchans : Es-tu content ? Le comte de la Ferronnays, pénétré d'admiration et de reconnoissance pour tant de bonté et de grandeur d'âme, se jeta, pour toute réponse, en fondant en larmes, aux pieds de cet excellent prince, qui le releva, et, pendant quelques instans, le tint pressé sur son cœur si bon et si sensible. »

——

HOMMAGE

Rendu à la mémoire de S. A. R. M.gr le Duc de Berry, par MM. de Châteaubriand, de Bonald, l'abbé Frayssinous, etc. etc. etc.

Les écrivains les plus distingués par leurs talens et par leurs principes, se sont empressés de payer un juste tribut d'éloges à la mémoire du duc de Berry; ils ne se sont pas contentés de pleurer la mort de ce petit-fils d'Henri IV, ils ont encore cherché, par de salutaires conseils, à prévenir de nouveaux malheurs, et à éclairer la France sur les causes d'un si cruel attentat.

Le premier des orateurs chrétiens qui ait payé le tribut funèbre à la mémoire de l'infortuné duc de Berry, est M. l'abbé Guillon,

aumônier du collége de Louis-le-Grand et professeur d'éloquence sacrée à la Faculté de Paris. Le jour des Cendres, surlendemain de l'assassinat, prêchant dans l'église de l'Assomption, sur le néant des choses terrestres, il fit entendre ces paroles éloquentes et pathétiques, qui produisirent une vive sensation sur l'auditoire, et furent plus d'une fois interrompues par des gémissemens et des sanglots :

« Il n'y a pas long-temps, il n'y a pas quatre jours encore, que dans les murs de la capitale, et dans l'enceinte de cette paroisse même, brilloit un jeune prince, l'espoir de la famille auguste qui nous avoit été rendue après tant et de si déplorables calamités. Comment a-t-il disparu tout-à-coup? Quel voile funèbre est venu s'étendre encore sur notre malheureuse patrie? Hélas! nous aurions cru que la mesure de nos iniquités étoit enfin comblée : le ciel n'avoit donc pas encore épuisé ses vengeances! Fils de Henri IV, le prince que nous pleurons en présentoit à nos yeux la vivante image. Une seule nuit, un moment a tranché le cours de ses brillantes destinées, et nous a tous enveloppés avec lui des ombres de la mort. Henri du moins, en expirant sous un fer parricide, laissoit après lui les germes d'une longue postérité. Quelle main barbare a rouvert sous les pas de monseigneur le duc de Berry la tombe sanglante de Louis XVI et du duc d'Enghien, pour y précipiter à la fois et la victime nouvelle immolée comme eux avant le temps, et la royale postérité de quatorze siècles !

« Donc vous ne le verrez plus que dans une patrie meilleure, ô vous que le ciel lui avoit donnée pour épouse, et qui ne pouvez plus répondre à sa tendresse que par vos inconsolables regrets. Vous ne le verrez plus, ô vous qui, comme l'infortuné Jacob, vous êtes écrié dans votre douleur : un monstre cruel a dévoré mon fils Joseph. *Fera pessima devoravit Joseph.* Vous ne le verrez plus, guerriers qui retrouviez en lui toutes les vertus si chères à vos cœurs; ni vous, pauvres de toutes classes, à qui ses mains hospitalières aimoient tant à prodiguer les secours de la charité la plus compatissante, la plus délicate. Il n'existera désormais que dans nos ineffaçables souvenirs, que parmi ces royales ombres ramenées près de la capitale dans ce sanctuaire antique, consacré au néant de nos grandeurs humaines, que dans les fastes de la religion, qui, par sa bouche mourante, nous commande encore de pardonner à tous nos ennemis. »

M. l'abbé Frayssinous, dans sa conférence du 20 février, traitant le même sujet que M. l'abbé Guillon, a payé comme lui le tribut que son éloquence devoit à la mémoire de S. A. R., et il a produit sur son auditoire une impression non moins vive et non moins touchante.

« Vanité dans les plaisirs, a-t-il dit; vanité

« dans la richesse, vanité dans la science, « vanité dans la grandeur; en tout et partout « vanité et affliction d'esprit : voilà ce que « voyoit le sage, il y a trois mille ans, et voilà » ce que nous voyons encore.

« Hélas! Messieurs, quel exemple n'en « avons-nous pas sous les yeux dans l'évé- « nement à jamais lamentable qui vient de « porter en tout lieu la douleur et l'épouvante? « Que lui a-t-il servi à ce prince vaillant et « généreux d'être né sur les marches du plus « beau trône de l'univers? Sa grandeur ne « l'a pas sauvé du coup fatal; il est tombé « sous le fer homicide comme un homme « vulgaire. Que dis-je? homme obscur, il « vivroit encore : c'est son élévation qui a « fait sa ruine.

« Il n'est plus ce digne fils du grand, du « bon Henri; il n'est plus, et avec lui que d'es- « pérances ensevelies dans la tombe! Peut- « être que de générations éteintes! Que de « morts dans une seule mort! Mais aussi que

« de grandes leçons il nous a données dans « ses derniers momens ! Si le temps a été « court, toutefois il a été pour lui comme une « longue carrière de vertu et d'héroïsme. « Quelle religion profonde, quelle sublime « candeur dans l'aveu de ses erreurs et de ses « fautes ! Quelle magnanimité dans ses sen- « timens ! Avec quel courage son âme s'est « montrée maîtresse d'elle-même au milieu « de tant d'infortune et de douleur ! On peut « bien dire qu'il a été Français, prince et chré- « tien jusqu'au dernier soupir.

« Ah ! s'il faut gémir sur ce trépas funeste, « gémissons davantage encore, s'il est pos- « sible, sur les affreuses doctrines qui en ont « été la cause véritable. Quelle époque dans « l'histoire des peuples éclairés, que celle où « ce qu'il y a de plus ignorant parmi le « peuple est capable de penser et de dire « froidement que le meurtre, que le parri- « cide, que l'athéisme n'est qu'une opinion !

« Voilà donc où devoit aboutir le progrès

« si vanté des lumières, à rendre populaire « cette exécrable impiété que tant de sophistes « et de beaux esprits ont enseignée depuis « cent ans dans leurs ouvrages! N'aurons- « nous donc jamais assez de bon sens pour « comprendre que la science et le bel esprit, « quand ils sont ennemis de la religion et « de la vertu, sont un fléau plus redoutable « pour le repos et le bonheur des peuples « que l'ignorance et la barbarie? Et qu'y « a-t-il de plus barbare que ces doctrines de « matérialisme qui, en désarmant la justice « divine, encouragent tous les vices; et que « ces doctrines de fatalisme qui, en faisant « de l'homme une machine, justifient tous « les forfaits?

« Non, Messieurs, ce n'est point assez de « porter sur la tombe du prince infortuné le « tribut de quelques larmes stériles, il faut « y porter un tribut de sentimens généreux « comme les siens: s'il en étoit autrement, il « me semble que se ranimant au fond du

« cercueil et touché plutôt que satisfait de « nos regrets, il nous diroit à tous : Français, « ne pleurez pas sur moi, mais sur vous et « sur vos enfans ; ne pleurez pas sur moi que « le ciel a frappé dans sa rigueur, mais aussi « dans sa miséricorde ; sur moi qui, délivré « maintenant d'une vie incertaine et passa- « gère, ne dois plus en connoître les vicissi- « tudes et les misères. Pleurez sur vous qui « avez eu le malheur de bannir de vos pensées « le dieu de vos pères, de livrer à la dérision, « à tous les outrages cette religion sainte qui « a fait prospérer notre patrie durant tant de « siècles, sans laquelle la morale et les institu- « tions humaines se trouvent sans force et « sans appui ; pleurez sur vos enfans à qui « vous laisserez pour héritage des doctrines « impies, subversives de l'ordre public, le- « vain éternel de discordes et de crimes.

« Ecoutons, Messieurs, écoutons cet aver- « tissement salutaire, et sentons bien que la « meilleure manière d'honorer la mémoire de

« ce héros chrétien, la plus digne de lui, c'est « de nous attacher inviolablement à cette « religion qui, sur son lit de mort, a fait sa « force et sa consolation, en le remplissant « d'espérances immortelles. »

Nous venons payer à la mémoire de monseigneur le duc de Berry ce tribut de douleur que la royale famille est depuis long-temps accoutumée à recevoir de nous. Hélas! nous avons entendu le dernier soupir du dernier descendant de Louis XIV par la lignée française; nous avons vu un père au désespoir, un frère inconsolable à genoux, en prières devant ces bancs rassemblés à la hâte, sur lesquels expiroit un fils de France; nous avons vu une femme tenant son enfant dans ses bras, et toute couverte du sang de son mari; nous avons vu un vénérable monarque s'approcher pour fermer les yeux du jeune héritier de la couronne! Madame étoit là; dominant cette scène de deuil comme une héroïne éprouvée aux combats de l'adversité. Mgr. le duc de Bourbon prenoit sa part de la douleur: il croyoit assister à la mort de son fils! Coup affreux qui a frappé l'arbre dans sa racine! Ah! malheureuse France, parce que tu l'avois proscrit dans sa jeunesse, as-tu méconnu ton enfant, et n'a-t-il pu se sauver dans tes bras!

La révolution sembloit rassasiée du sang des Bourbons : elle n'en étoit qu'enivrée; cette ivresse, loin d'apaiser sa soif, en augmentoit l'ardeur. Louis XVI, Mme Elisabeth, Louis XVII, le duc d'Enghien n'ont pas suffi aux ennemis de la légitimité : ils ont fait un nouveau choix parmi les enfans de saint Louis : en immolant le duc de Berry, ils ont voulu répandre à la fois le sang que ce prince avoit reçu de tant de monarques, et celui qui devoit animer le cœur d'une longue postérité de rois.

La main qui a porté le coup n'est pas la plus coupable. Ceux qui ont assassiné monseigneur le duc de Berry sont ceux qui, depuis quatre ans, établissent dans la monarchie des lois démocratiques; ceux qui ont banni la religion de nos lois; ceux qui ont cru devoir rappeler les meurtriers de Louis XVI; ceux qui ont entendu agiter avec indifférence à la tribune la question du régicide; ceux qui ont laissé prêcher dans les journaux la souveraineté du peuple, l'insurrection et le meurtre, sans faire usage des lois dont ils étoient armés pour réprimer les délits de la presse; ceux qui ont favorisé toutes les fausses doctrines; ceux qui ont récompensé la trahison et puni la fidélité; ceux qui ont livré des emplois aux ennemis des Bourbons et aux créatures de Buonaparte; ceux qui, pressés par la clameur publique, ont promis de changer une loi funeste, et qui ont ensuite laissé trois mois s'écouler, comme pour donner le temps aux révolutionnaires de se reconnoître et d'aiguiser leurs poignards : voilà les véritables meurtriers de monseigneur le duc de Berry.

Il n'est plus temps de se le dissimuler : cette révolution que nous avons tant de fois et si inutilement prédite est commencée ; elle a même produit des maux qui sont déjà irréparables. Qui rendra la vie à monseigneur le duc de Berry? et avec cette vie précieuse, qui dous rendra les espérances que la gloire et l'amour y avoient attachées? Un jeune lis, nourri dans une terre étrangère, verra-t-il éclore la tendre fleur que la foudre semble avoir respectée?

« Si du sang de nos Rois quelque goutte échappée..... »

Autre espérance : si un prince chéri écoutoit nos vœux!.......... Joseph orna les foyers de Jacob dans sa maturité, et transmit aux rois d'Israël les bénédictions célestes.

Que la Providence vienne à notre secours : nous touchons peut-être à notre ruine. Le poignard qui a frappé le cœur d'un Bourbon est levé sur le cœur de tous les rois : nul ne sauroit prévoir quel sera en Europe l'effet de la mort de monseigneur le duc de Berry, ni dire l'influence de cette mort sur les départemens de France infestés de l'esprit révolutionnaire, et sur les provinces où règne la fidélité vendéenne. Que de maux peuvent sortir d'un crime! quelles nouvelles destinées commencent pour notre patrie!

. . . .

Ferons-nous quelque chose pour nous sauver? Tout est possible sans un ministre, tout est impossible avec lui. La grande victime du nouveau 21 janvier pouvoit du haut du ciel prier pour sa patrie : sa mort ne seroit-elle profitable qu'à un seul homme? Nous avons plusieurs fois annoncé que M. le comte Decazes vouloit deux choses : le renouvellement quinquennal et la censure; il y joint aujourd'hui la suspension de la liberté individuelle : ainsi, celui que toutes les opinions repoussent, réuniroit tous les moyens de vengeance. Lorsque la fortune continue ses débauches, on s'abandonne à ses caprices; elle emploie à l'élévation de son favori la chose même qui devroit le renverser. Nous plaindrions toutefois M. le comte Decazes, s'il consentoit à teindre sa pourpre dictatoriale dans le sang de monseigneur le duc de Berry. Une ambition généreuse calcule mieux les momens, et sait se retirer à propos. Le cadavre d'un prince peut servir de degré pour monter au pouvoir; mais alors on n'y reste pas long-temps; témoin Buonaparte, qui fit du corps de monseigneur le duc d'Enghien le marche-pied de sa puissance.

Le vicomte de CHATEAUBRIAND.

LORSQUE l'auteur de cet article parloit, dans une des dernières livraisons du *Conservateur*, des douleurs de ces Familles royales *crucifiées* à la royauté, destinées aussi à souffrir de toutes les iniquités de la société, et à en représenter sur elles-mêmes tous les malheurs; lorsque, plus récemment encore, frappé du peu d'autorité que la révolution a laissée à la religion et à la morale, et de tout ce qu'il faut de force physique pour la remplacer, il remarquoit que la force militaire destinée autrefois à repouser l'agression étrangère, étoit maintenant beaucoup plus employée contre l'ennemi intérieur, contre nous-mêmes, et à nous contenir dans les lieux où le plaisir nous rassemble, comme dans ceux où la justice nous retient, *à l'Opéra comme à la Conciergerie*, il étoit loin de penser que ces réflexions générales sur les erreurs du système actuel des sociétés, recevroient dans peu de jours une si cruelle application, et que ce peu de lignes jetées au hasard paroîtroient un pressentiment.

Oh! douleur non encore éprouvée! nous avions eu des Rois frappés par le poignard d'un assassin ou par la hache des bourreaux. Mais ils étoient Rois; et un fanatisme aveugle pouvoit les accuser d'abus de pouvoir et de désordre dans l'administration. Mais un jeune Prince qui n'avoit au trône que des droits heureusement éloignés, et qu'il n'eût peut-être jamais exercée, puni de ces droits involontaires comme d'un acte d'oppression; un enfant royal, étranger au gouvernement, qui n'avoit connu de la grandeur que la bienfaisance qu'elle permet, et n'en a recueilli que la haine qu'elle inspire aux factions; un époux frappé dans les bras de sa jeune épouse et l'arrosant de son sang, expirant sous les yeux de son père, de son frère, de sa sœur, du père commun de tous, du Roi et de ses plus fidèles amis; vivant assez pour faire une mort qui eût honoré la plus belle vie, ou eût fait pardonner la plus criminelle; une mort qui, au dire des gens de l'art, n'a été miraculeusement retardée que pour lui donner le temps d'accroître nos regrets et de nous faire mieux connoître tout ce que nous perdions; une mort qui a été celle d'un héros chrétien envisageant avec calme et fermeté l'instant qui devoit le séparer à jamais de toutes les jouissances de la grandeur et de toutes les douceurs de la vie; bénissant son enfant, consolant son père, demandant grâce pour lui-même au Roi des Rois, et grâce pour son meurtrier au Roi de la terre; une jeune princesse déjà mère, coupable peut-être aux yeux de ses frénétiques assassins de l'être encore, et portant, si on peut le dire, dans son sein la vie et la mort!..... Que les arts, que tous les arts nous retracent cette scène déchirante, éternel entretien de douleur et de regrets; qu'ils nous retracent ce tableau épouvantable d'horreur, sublime de vertu, de foi, de grandeur d'âme; qu'ils en fassent le pendant de cette autre scène du Temple où l'infortuné Louis XVI fut aussi séparé de sa femme, de sa fille, de son fils, pour aller à la mort. Qu'ils y apprennent, les misérables, comment savent mourir ceux qu'ils ne veulent pas laisser vivre, et qui, après n'avoir vécu que pour oublier des torts, meurent en pardonnant des forfaits.

Sommes-nous assez malheureux, et sommes-nous assez éclairés sur les effroyables résultats de ces doctrines athées qui soulèvent les hommes contre tous les freins que la société oppose à leurs passions, et ne leur laissent ni la paix du cœur, ni le repos de l'esprit, ni résignation dans le présent, ni crainte dans l'avenir ; de ces doctrines qui, commençant et finissant au néant, des hommes modérés par tempérament, font des imbécilles, des hommes ardens, des frénétiques !

On demande si l'assassin a des complices: en attendant que la justice les découvre, le public, l'Europe toute entière, ont déjà répondu, en désignant les écrits infâmes, inspirés par la sottise et la fureur, partout distribués, donnés même au peuple comme des poignards à des enfans dont on voudroit tenter l'imprudente vivacité. Oui, le public, l'Europe, les ont déclarés instigateurs et complices du plus effroyable forfait, ces écrits défendus presque partout, hors dans les lieux où on peut mieux les entendre ; ces écrits dont l'audace et le venin sembloient redoubler depuis quelque temps ; ces écrits, monumens honteux de mensonge, d'absurdité, de calomnie, qui ont déshonoré aux yeux de l'Europe notre morale et notre langue, et qui, si rarement poursuivis, ne l'ont été que pour ajouter le scandale de la défense au scandale des doctrines. Et pourquoi la justice ne les poursuivroit-elle pas aujourd'hui ? Si l'on a permis la proscription, l'assassinat de notre infortuné Prince l'auroit interrompue; déjà ils insultent à la douleur publique, et l'impunité ne fera qu'accroître leur inconcevable licence.

Que quelques journaux essaient de récriminer; qu'ils accusent les journaux royalistes de s'acharner sur un homme : il s'agit bien d'un homme! il s'agit des doctrines ; et si ces journaux en ont professé de dangereuses, leurs rédacteurs sont connus, ils se nomment et sont prêts à répondre devant la loi. Il y en a même qui, en *comparoissant* pour obéir à la justice, croiroient, en se défendant, déshonorer des doctrines qui se défendent elles-mêmes. Ils nous accusent de songer à nos intérêts, quand nous ne pensons qu'à pleurer la trop malheureuse victime; de méditer la vengeance, quand nous ne demandons que des précautions; de nous élever contre le système de modération, oui, de la modération qui poignarde ou laisse poignarder; de la modération qui s'exhale en déclamations furibondes, en impostures, en calomnies, en sophismes plus acérés que les poignards.

Notre capitale, cette tête de la société, où devroit se trouver toute la raison du gouvernement, avec cet atelier de corruption et de désordre, deviendra, si elle n'y prend garde, en horreur à l'Europe et à ses provinces: elle sera *la grande prostituée* des Livres Saints, que les navigateurs regardent de loin avec terreur, et le commerce, dont elle ne peut se passer, ne doit pas long-temps prospérer au milieu de tant d'agitation et de désordre.

Il est temps de tarir la source du mal. Si nos lois sont impuissantes, il faut en faire d'autres ; car il est impossible de concilier la propagation de pareilles doctrines avec les devoirs, je ne dis pas d'un homme public, mais seulement d'un honnête homme. Autrefois, la censure étoit confiée au chancelier de France, ministre de la morale comme de la justice. Aujourd'hui, on propose un comité... et j'avoue que la responsabilité d'un homme, dans une place si éminente, me paroît de beaucoup préférable à celle d'un comité où chacun s'en décharge sur les autres. Si on ne veut pas de censure préalable, il faut des lois fortement répressives et plus encore des tribunaux répressifs. Je renverrois les délits de la presse aux Cours royales, qui autrefois en connoissoient. Les délits de la presse sont des délits d'exception. Tous les autres délits dont les citoyens peuvent se rendre coupables, sont l'infraction d'un devoir ; ceux de la presse sont un abus de pouvoir : car un talent utile ou dangereux est une puissance, et personne n'est obligé d'écrire.

DE BONALD.

UN crime effroyable a été commis, et le deuil de la France ne peut rien contre ses inévitables suites. Nous payons aujourd'hui le fruit amer de trente ans de révolution; nous recueillons ce que nos pères ont semé; et la Providence seule pourroit dire à quel genre d'épreuves nous sommes encore condamnés! Et cependant il n'en est pas de plus amère que celle que nous venons de subir : le dernier rejeton de la race royale tombant, à la fleur de l'âge, sous le fer assassin, et emportant avec lui, dans la tombe, l'avenir de la France.

Dans d'autres temps, nous fûmes un des premiers à annoncer le bonheur de la royale famille au pied de laquelle nous pleurons aujourd'hui ; rapporteur de la commission de la Chambre des Députés, nous exprimâmes ses vœux pour le mariage du duc de Berry ; nous fûmes l'interprète d'une joie unanime ; nous osâmes invoquer l'avenir : hélas ! nous étions alors loin de penser qu'il se trouveroit en France un monstre tel, que toutes nos joies se changeroient en douleurs, et que bientôt à la suite d'un char funèbre, nous pleurerions toutes nos espérances...... Nous l'avons suivi à sa dernière demeure, ce prince aimé et apprécié, surtout depuis qu'on l'a perdu ; dont on découvre chaque jour une action, une qualité nouvelles pour lui devoir un hommage de plus. Nous avons vu le cortége de pauvres et de guerriers qui entouroit le cercueil, digne cortége du prince qui fut le père des malheureux et le compagnon des vieux soldats de Condé. Nous avons vu, à pied autour de la tombe, ces vieux soutiens de la monarchie ; ils pleuroient avec ces guerriers plus jeunes qui perdoient à la fois le prince et l'espoir de combattre un jour à ses côtés. Le peuple de

Paris s'est uni à la douleur commune ; il s'est mis à la suite du convoi, il a prié avec les pauvres, pleuré avec l'honneur et la fidélité. Chacun sent mieux encore aujourd'hui qu'au premier moment l'étendue de la perte qu'il a faite. Puisse le Ciel nous en éviter toutes les conséquences, et prendre enfin pitié de nos longues infortunes ! . . . .

. . . .

CASTELBAJAC.

UN grand crime politique est une révélation pour toute société que Dieu n'a pas encore condamnée à périr ; nous en avons eu récemment un exemple en Allemagne. L'assassinat de Kotzebuë a fait, sur les souverains et les hommes d'Etat du Nord, une impression qui les a rappelés au sentiment du premier de leurs devoirs, qui est le maintien de la civilisation. En vain, les factions ont essayé de détourner les conséquences visibles de ce crime, en vain ils ont crié, comme nous le voyons en ce moment, que c'étoit un *fait isolé*, et que les rois s'en feroient un prétexte pour retirer les promesses qu'ils avoient contractées envers les libertés publiques : les peuples sont restés confians, et les ministres des rois ont expliqué les articles douteux de l'acte fédéral dans le sens des libertés. Dans le Nord, l'union se resserre entre les peuples et les gouvernemens, la civilisation a trouvé des garanties, et l'avenir se dégage des nuages qui l'obscurcissoient.

Dieu a-t-il condamné la France? Qui ne seroit frappé de cette crainte, en voyant que les malheurs qu'il nous envoie pour nous faire sentir le besoin d'oublier nos haines, n'ont d'autre résultat que de diviser ceux qui jusqu'alors marchoient unis, et que nos hommes d'Etat ne voient, dans le plus grand des crimes, qu'une occasion de demander l'arbitraire? Le cœur se brise, la raison recule devant ce triste spectacle. D'où partir aujourd'hui pour trouver la vérité, lorsque tout le monde accuse? Qui croire, lorsque la joie féroce des ennemis du trône ne suffit pas pour mettre d'accord ceux qui voudroient le sauver? Révolté de la grandeur du crime et de l'absurdité du remède, aigri par les défiances qu'on éprouve et qu'on inspire, l'homme le plus absolu dans ses pensées n'oseroit se fier à celles qui naissent de l'irritation à laquelle il est en proie. Et cependant, comment résister au besoin de s'expliquer à soi-même une situation politique dont l'histoire n'offre point d'exemple?

Je remonterai à une époque où cette situation, dévorante depuis qu'elle est accomplie, n'étoit encore qu'une prédiction; et oubliant qu'après le 5 septembre, j'ai imprimé, dans ma *Correspondance politique*,[a] qu'il ne falloit qu'une ordonnance pour perdre un royaume, j'écarterai cette affreuse prévoyance dont le ciel accable quelques hommes dans le silence de la méditation, prévoyance qu'ils repoussent ensuite au jour le jour au milieu des intérêts qui s'agitent : tant il est possible d'aimer sa patrie, et de renoncer à l'espérance de la voir revenir aux principes de sa conservation. Je prendrai, pour point fixe de mes réflexions sur notre situation actuelle, cette phrase de *l'Histoire de la Session de* 1816, page 91 :

« Si les applaudissemens des révolution-
« naires ont accompagné le triomphe de
« ceux qui ont désiré l'ordonnance du 5 sep-
« tembre, il faut leur laisser cet avantage,
« *dont ils seront un jour fort embarrassés ;* on
« ne déplace pas impunément les lignes de
« démarcation en politique, et les alliances,
« entre des partis qui ne peuvent vouloir
« la même chose, *ont toujours eu de tristes*
« *résultats.* »

Ministres du Roi de France, qui avez fait votre triomphe de l'ordonnance du 5 septembre, qui avez joui avec orgueil des applaudissemens des révolutionnaires, et repoussé les députés royalistes aux cris prophétiques *à bas les prêtres, à bas les nobles*, que faites-vous aujourd'hui de cette ordonnance et des applaudissemens dont vous étiez enivrés? Pourquoi donc voulez-vous changer la loi des élections? Ce que vous désiriez alors est positivement ce qui vous menace aujourd'hui; et tous, et chacun à votre tour, vous serez condamnés à l'affreux supplice de voir les maux que vous avez causés, et de tomber en essayant de les réparer. Vous n'avez bien fait que le mal; il est indestructible.

Ministres du Roi de France, qui avez déplacé les lignes de démarcation en politique; qui, au second retour du souverain légitime, avez désuni ce que le ciel réunissoit, essayé de réunir ce qu'il a éternellement divisé; qui avez exposé le pardon à la risée de ceux qui n'admettoient pas même le repentir, est-ce impunément que vous l'avez fait? Vous vouliez changer les crimes en vertus, les vertus en crimes, prouver que la raison étoit folie, et la folie raison; vous entrepreniez ce que

Dieu ne pourroit pas faire ; et vous prétendez maintenant revenir sur vos pas ! Ce Dieu que vous trouviez trop petit pour donner à la société des lois éternelles et contre lesquelles rien ne prescrit, ce Dieu dont le nom, dans vos codes, vous paroissoit devoir humilier et votre génie et l'esprit du siècle, a du moins ce mérite que vous cherchez en vain : il ne se dément pas ; et depuis qu'il a créé l'homme, le cœur de l'homme est resté le même. C'est ce qui fait que l'ambition est aveugle, et l'incapacité toujours incertaine dans ses vues.

Ministres du Roi, qui avez formé alliance avec des partis qui ne pouvoient vouloir la même chose, pourquoi vous plaignez-vous aujourd'hui ? Si vous aviez l'intention d'affermir la monarchie, à quel titre vous présentiez-vous comme un point d'union entre tous ceux qui vouloient la renverser ? et si vous n'aviez pas l'intention de l'affermir, de quoi êtes-vous surpris ? vos alliances ont eu les résultats qu'elles devoient avoir. La monarchie est ébranlée ; les royalistes, ses appuis naturels, ont été abattus par les ministres du Roi, et ils ne pouvoient l'être qu'au nom de son autorité. En essayant de mettre le trône sous la protection des intérêts moraux de la révolution, vous avez cru ne remuer que des opinions mortes, et vous avez semé plus de crimes qu'il n'est permis à la génération présente d'en récolter.

Vous persistez cependant à vous croire seuls capables de nous tirer de la position où nous sommes, et dont je viens d'exposer les causes, causes annoncées quatre ans d'avance, et trop complétementréalisées. Qu'allez-vous faire ? et que résultera-t-il des mesures proposées et exécutées par vous ? Je vais le dire d'avance, et l'événement ne me démentira pas encore.

Il n'y a que deux espèces de monarchie, absolue, ou tempérée. Cette dernière est désignée aujourd'hui généralement en Europe par le nom de gouvernement représentatif.

La France n'a plus les conditions de la monarchie absolue. Elle peut tomber encore une fois sous le despotisme passager d'un soldat, ou sous la tyrannie plus passagère encore d'une faction populaire; mais revenir à la monarchie absolue, quand les doctrines, les usages, les institutions de ce gouvernement ont péri, c'est chose impossible.

La France a toutes les conditions de la monarchie tempérée; et cependant le gouvernement représentatif ne nous a conduits à rien de bon : c'est qu'il n'a jamais été complet dans aucune de ses parties. Au lieu d'unir le pouvoir et les talens, la royauté et les libertés, vous osez proposer de nous ravir ce que nous possédions du moins sans contestation, la presse et la sécurité de nos personnes. Par impuissance de conduire un gouvernement libre, et par désespoir de ne pouvoir remonter à la monarchie absolue, vous réclamez pour la seconde fois l'*arbitraire légal.* Pour la seconde fois, je vous dirai que de toutes les absurdités c'est la plus grande, puisqu'elle ne laisse pas même, comme le despotisme saisi par habileté, l'espérance que l'arbitraire sera exercé dans l'intérêt d'une cause. L'arbitraire ne peut avoir des règles et un but; vous l'avez prouvé, vous l'avez éprouvé; c'est la dernière ressource de l'incapacité, et le mépris de tout ce qui porte un cœur généreux. On plaint le pouvoir qui se trahit lui-même, mais on se jette malgré soi du côté des libertés qu'on opprime; et l'arbitraire, réclamé comme un moyen de salut, deviendra une nouvelle cause de division, en augmentant l'affoiblissement moral de la France.

. . . .

Le pouvoir va donc se trouver encore une fois abandonné à lui-même; et sa défense, désormais impossible aux honnêtes gens, ne pourra plus être confiée qu'aux écrivains soldés pour le flatter, et l'entraîner d'applaudissemens en applaudissemens dans toutes les erreurs dont nous avons déjà été victimes. L'expérience a été faite; elle se reproduira;

les causes ici sont plus fortes que les hommes. Elle se reproduira d'autant plus vite que les doctrines révolutionnaires ont pris un ascendant prodigieux sous le régime même de cet arbitraire légal qui déjà vous avoit été accordé. C'est lorsque vous étiez les maîtres de nos personnes et de nos pensées, que la monarchie a été corrompue par la presse, et non depuis qu'elle est libre. Seulement la corruption vous plaisoit alors parce que vous pensiez qu'elle vous étoit profitable; elle ne vous paroît affreuse que depuis qu'elle a été tournée contre vous, et qu'il a été permis aux royalistes de le dire. Le mal contre lequel on réclame l'arbitraire a été fait sous le règne de l'arbitraire. Cette vérité est historique; on ne peut plus la contester. *Les Correspondances privées* en seront les pièces justificatives; on y trouvera les premières attaques portées contre les princes assassinés dans leur réputation avant de tomber sous les poignards.

Qu'importe, dans les dispositions où sont

les choses et les hommes, que les journaux parlent ou se taisent. Où les esprits sont irrités, tout est sujet de s'exprimer; conversations, spectacles, procès, événemens publics et particuliers, duels, nominations aux emplois, destitutions, élections, disette, abondance, commerce, agiotage, tout rappellera tous les événemens accomplis et ceux qui nous menacent; tout entretiendra et fortifiera les espérances, et les animosités créées depuis et par l'ordonnance du 5 septembre. Les journaux jacobins de moins, on ne s'apercevra pas même qu'il manque un scandale. Les royalistes seuls s'apercevront qu'ils ont perdu leur dernière ressource.

Lorsque l'Angleterre étoit menacée par les radicaux, on lui portoit secours par des lois contre la licence et la révolte, et qui laissaient les libertés acquises dans toute leur intégrité. Lorsque le meurtre de Kotzebuë réveilla les souverains du Nord, les mesures répressives et le développement des libertés publiques marchèrent d'un pas égal. Lorsque la France pleure un Bourbon tombé sous le fer d'un assassin, n'est-il pas étrange qu'on ne puisse lui offrir pour consolation que le retranchement de la liberté de la presse et de la liberté individuelle? Cette consolation fait frémir; et je pense quelquefois qu'on veut guérir l'Europe de l'effroi que lui a causé la France, en la lui présentant comme un objet de risée.

Et quand trouve-t-on qu'il soit urgent de nous ôter la liberté de la presse? le jour même qu'on nous présente à l'opinion un nouveau système électoral que tout le monde a droit d'examiner, ne fût-ce que pour faire l'inventaire de ce qui nous restera de ce qu'on appeloit autrefois la Charte.

Bizarre conception! On requiert à-la-fois la haute propriété pour sauver la royauté, et l'arbitraire pour faire aller le gouvernement. Si jamais l'esprit de la propriété et la domination des commis peuvent s'accorder; si, de cette confusion de toutes les idées, il ne sort pas un désordre plus grand que tout ce que nous avons vu, il n'y a plus rien de vrai dans le passé, et la seule politique applicable datera de l'année 1820.

Pour moi qui ne crois qu'à l'expérience, et qui suis las de la raison en paroles, je déclare que je cesse d'écrire, jusqu'à ce qu'on cesse d'amalgamer les systèmes les plus contradictoires. Il n'y a plus de place pour le sens commun dans l'état de folie qu'on veut appuyer par des lois.

Je ne romprai plus le silence que pour adresser une pétition à la Chambre des Députés, lorsqu'on y discutera la loi des élections; et ce sera dans un intérêt personnel. J'essayerai de faire comprendre que, payer beaucoup de contributions, c'est une *charge*, et que je m'oppose à ce qu'on m'en fasse un droit. Je ne veux pas d'un droit sans moyen de le défendre, sans liberté de ma personne et sans liberté de dire ce que j'en pense. Les interdits n'ont pas de droits, ce qui ne les empêche pas de payer des contributions; et ce que le ministère propose, c'est de mettre la France en interdit, en s'en réservant la tutelle. Je craindrois que, sur la signature de trois ministres, on ne m'arrêtât la veille des élections, sauf à en rendre compte cinq ans après, c'est-à-dire à la fin de la session et de l'esclavage de la presse. Le terme demandé est le même pour l'une et pour l'autre; tant le génie ministériel est simple dans ses moyens! Il me sembleroit d'ailleurs voir classer mes propriétés pour en faire un majorat à quelque ancien ou nouveau régicide, à quelque partisan du gouvernement de fait, le jour où le dernier événement s'accomplira. J'approuve d'avance tout projet d'élection, mais à condition qu'il renfermera cet article : « Il « est permis à tout propriétaire de regarder « les impositions qu'il paie comme une *charge*, « et de déclarer qu'il ne veut être porté sur « aucune liste d'électeurs et d'éligibles, re- « mettant tout ce qu'on appelle des *droits* aux « commis qui ont déjà à leur disposition les

« personnes et la direction des esprits, afin « que le gouvernement représentatif soit com- « plet et d'ensemble, et qu'il reste bien con- « venu que la Charte appartient exclusive- « ment aux hommes de police. »

FIÉVÉE.

FATIGUÉS de cette politique stupide et fangeuse dans laquelle les hommes en pouvoir s'embourboient chaque jour davantage; humiliés jusqu'au fond du cœur de voir la France l'envie et l'admiration de l'Europe, quand le bon sens conduisoit ses affaires, livrée par quelques faux esprits au mépris et à la risée du monde, interdits surtout de cet accroissement miraculeux de confiance aveugle chez les uns, à mesure que la franchise de l'impudence augmentoit chez les autres; nous étions du nombre de ceux qui ne savoient plus quels nouveaux conseils donner, sur quels nouveaux raisonnemens les appuyer, après tant de raisonnemens, tant de conseils offerts et dédaignés ; et frappés de silence par l'inutilité de nos paroles, nous attendions que la Providence arrachât aux méchans leur dernier masque, aux bons leur fatal bandeau, et que la révolte *armée* nous réintégrant dans le droit d'*armer* aussi notre fidélité ; l'épée nous fût remise pour défendre le trône, qui n'a pas voulu se laisser défendre par nos paroles. Hélas! l'impénétrable volonté de Dieu a trompé notre attente. Nous prévoyions mille attentats : le seul attentat imprévu nous a surpris ; et le poignard a frappé avant que nous ayions eu le temps de l'écarter avec l'épée!.....

Arrachés, par l'indignation et la douleur, au silence que le dégoût nous avoit imposé, nous élèverons de nouveau notre voix. C'est un besoin ; c'est plus : c'est un devoir. Oui, tous les Français se doivent à eux-mêmes de protester contre l'attentat qui les a tous frappés dans la personne d'un Fils de France. Ils le doivent à leur patrie, afin de rejeter loin d'elle la solidarité du crime d'une faction qui n'a pas de patrie, que le monde entier désavoue, et que la terre renvoie à l'enfer qui l'a vomie. Ils le doivent surtout à cette royale et malheureuse famille, à laquelle naguère encore ses assassins osoient reprocher son émigration, et qu'ils punissent aujourd'hui, à coups de poignard, du crime de s'y être jadis dérobée.

Oui, nous devons tous remplir le palais des Rois de nos unanimes gémissemens. Oui, et dût la conformité de nos sentimens n'y faire entendre qu'une monotone lamentation, aucun de nous ne peut céder à un autre le soin d'exprimer ce qu'il éprouve, de maudire ce qu'il exècre, de consoler ce qu'il aime. Français! jamais vous ne pleurerez assez au pied de ce trône en deuil de son héritier : un torrent de larmes suffira-t-il pour effacer une seule goutte du sang qui fume sur ses degrés?

Portons donc l'hommage de la même douleur à ce père qui n'a plus d'avenir qui lui rende moins accablant le poids du passé, le fardeau du présent; à ce frère au désespoir, d'autant plus consterné de son malheur, qu'il étoit peut-être encore plus éloigné que nous de le croire possible; à cette jeune épouse, que nous aimions heureuse, que nous admirons infortunée, et qui, seule inconsolable, pourra seule nous consoler; à cette princesse dont les incommensurables douleurs sont données à ce monde, en témoignage des joies d'un autre monde, puisqu'il s'y trouvera des récompenses qui pourront égaler ses sacrifices; enfin, à ce prince, fils et père de héros comme lui, plus Bourbon encore par le malheur que par le sang, à qui toutes les douleurs paternelles sont dès long-temps révélées, et qui vient de verser sur une victime récente ce qu'une victime plus ancienne lui avoit laissé de larmes.

Toutefois, ce pieux devoir n'est pas le seul qui nous soit imposé. Français, nous avons pleuré, comme jadis le peuple de Dieu,

Sur cet arbre séché jusque dans ses racines;

chrétiens, il nous reste à nous humilier sous la main *qui tient la cognée*, et à reconnoître la grandeur de Dieu dans la grandeur du châtiment. On cherche en vain à s'abuser : il y a quelque chose de surnaturel dans ce qui nous arrive. Jamais événemens plus prodigieux n'ont étonné le monde ; jamais il n'a été plus visiblement soumis à l'action immédiate de la Providence. La société, après tant de siècles d'une marche régulière, tout-à-coup arrachée des routes accoutumées, se trouve jetée dans des voies inconnues ; et lors même de l'établissement du christianisme, la plus grande époque de l'histoire de l'homme, elle n'assista pas à un spectacle plus extraordinaire. Comme alors, les prestiges sont redevenus vulgaires, et le plus étonnant de tous peut-être est l'aveuglement qui refuse de les voir, l'orgueil qui s'obstine à les nier. Ce n'est pourtant que lorsque les hommes adoreront le bras qui les frappe, que ce bras cessera de s'appesantir sur eux. Mais tant qu'ils chercheront en eux ou autour d'eux la cause première des conséquences qu'ils subissent, ils ne trouveront que faux jugemens, pensées décevantes, lumières trompeuses, et par conséquent que vains palliatifs, remèdes impuissans; et de misères en misères, d'illusions en illusions, ils n'ouvriront les yeux qu'en touchant le fond de l'abîme d'où les peuples ne remontent pas.

Si la nature et l'étendue d'un journal permettoient de donner quelque développement à ces graves considérations, la vérité en paroîtroit d'autant plus évidente, qu'on examineroit sous plus d'aspects divers les événemens actuels. Nous nous bornerons à considérer ici celui qui couvre la France de deuil; dans nul autre, le doigt de Dieu n'est plus visiblement empreint.

Un prince, dépositaire de l'avenir de la monarchie, est frappé; sa vie devoit s'éteindre sous le coup le plus assuré qui soit jamais parti de la main d'un assassin. Mais Dieu, encore miséricordieux pour la victime et pour la France, retient cette âme captive dans ce corps expirant. Il veut qu'épurée par un douloureux sacrifice, par des souffrances expiatoires, elle arrive sans tache devant lui. Il veut que son agonie toute héroïque, toute royale, toute chrétienne, soit donnée en spectacle à la France pour rendre notre admiration plus vive, nos regrets plus cuisans, nos souvenirs plus durables, et ranimer, par le sentiment de la douleur, cet enthousiasme pour nos princes, qui né dans la joie de leur retour, s'éteignoit dans l'habitude de leur possession, et (disons-le franchement) dans l'ombre où leurs ennemis les tenoient ensevelis : car c'est à quoi, depuis la restauration, la faction révolutionnaire n'a pas cessé un instant de travailler. Pour écarter les Bourbons de la pensée du peuple, elle les a soigneusement écartés des affaires, afin que condamnés par elle à une nullité absolue de position, il lui fût plus facile de les accuser de nullité de caractère. Cependant il ne lui suffisoit plus de les *isoler* du peuple : il falloit les en *séparer*, et un poignard fut jeté entre eux et lui. Mais, ô sagesse éternelle ! c'est ici qu'éclate ta puissance! ce poignard qui devoit briser le lien du trône et de la France, est précisément ce qui le resserre, et ce qui le pourroit rendre indissoluble, si, une seule fois, on prenoit conseil de l'opinion générale. Les premiers révolutionnaires s'en sont bien aperçus, et leur stupeur a été sans égale. Le coup de Louvel a réussi, mais la secte a manqué le sien. Trompé sur le peuple, qu'elle ne connoît plus, elle comptoit sur son adhésion, au moins sur sa neutralité ; et à peine quelques heures s'étoient écoulées après le crime, que, désabusée de son infâme espoir, elle est demeurée consternée de notre consternation.

Hommes de bonne foi, vous en conviendrez tous : jamais, même à leur retour, les Bourbons n'ont plus exclusivement régné sur les esprits. Leur dernier malheur a rappelé les premiers. On repleure Louis XVI dans son infortuné neveu, et le 13 février est devenu un second anniversaire du 21 janvier. Des bienfaits, trop facilement oubliés, reviennent en foule à la mémoire ; des vertus, ternies par le mensonge, reprennent leur éclat sur ce lit de mort dont il n'est pas donné à la calomnie d'approcher. Un cercueil devient un autel devant lequel les yeux s'ouvrent, les préventions s'évanouissent, les cœurs les plus durs se laissent attendrir, le zèle le plus abattu se sent ranimer. Avant l'attentat, le peuple, qui attache peu d'importance à ce qu'il a, croyoit posséder beaucoup de Bourbons ; depuis qu'un d'eux a disparu, il doute s'il lui en reste ; il les compte, il calcule leur âge, il en cherche dans l'avenir ; il inonde de larmes qui, hélas ! ne le ranimeront pas, le brillant fleuron tombé de la couronne des lis ; et ce bon peuple chez lequel on avoit si soigneusement éteint l'enthousiasme de l'espérance, y supplée tout-à-coup par l'exaltation du désespoir.

Maintenant, nous vous le demandons :

quel autre que Dieu pouvoit, dans une pompe funèbre, rendre aux Bourbons toute la puissance de leur entrée triomphale? Quel autre que celui *qui frappe et guérit, qui perd et ressuscite,* pouvoit dire au mal : Tu enfanteras le remède, et à la mort : Tu porteras un germe de vie? Quel autre que celui *qui sonde les reins et les cœurs* pouvoit trouver, dans un corps paralysé, une dernière fibre sensible, et le rendre, par la douleur, au sentiment de son existence? Hélas! long-temps ce Dieu n'a manifesté sa puissance que par des bienfaits, et ce n'est qu'après avoir épuisé en vain les miracles de sa miséricorde, qu'il a ouvert les trésors de sa colère. Ceux qui ont méconnu la main qui délivre, reconnoîtront-ils enfin la main qui châtie, et cette agonie de sept heures, ce long et mystérieux travail de la mort qui a jeté dans les esprits et dans les cœurs de si éclatantes lumières, sera-t-il perdu pour tous, hors pour le prince qui a conquis, pendant ce sanglant combat, une couronne inaccessible au bras du régicide?

A voir ce qui se passe déjà, à la marche qu'on suit, il y a tout lieu de le craindre. Le simple bon sens indiquoit une route facile; et l'on s'enfonce de plus en plus dans l'absurde. Un homme étoit le mépris de l'Europe et le fléau de la France. Seul il luttoit contre l'opinion, et tout annonçoit que l'opinion alloit le renverser. Comme pour hâter sa chute, un attentat qu'il devoit connoître et prévenir se commet sous ses yeux, et aussitôt son nom et celui de la victime s'échappent en même temps de toutes les bouches. On le croit perdu parce qu'il doit l'être; le peuple, qui a toujours comme un instinct de justice parce que la justice est son premier et peut-être son seul besoin, calcule déjà quel genre de supplice sera infligé à l'homme de malheur; car le peuple ne veut pas qu'il laisse à ses successeurs le dangereux exemple d'opprimer, de corrompre, de saper, de pressurer un royaume, de laisser massacrer ses princes, et de s'en aller le lendemain, chargé de nouvelles faveurs, épouvanter un autre royaume du scandale de ses crimes récompensés. Préoccupé de cette pensée, on craint déjà que la fuite ne l'ait soustrait au châtiment. On s'informe quelle route il a prise, si on court après lui, si on espère l'atteindre. Bonnes gens! remettez-vous, cet homme est encore à Paris; il n'a fait que changer de logement, de titre et de manteau; il garde sa puissance, et ne perd que la responsabilité. Tandis que vous l'accusez, il vous prépare une loi pour vous empêcher de parler; tandis que vous l'attendez dans les fers, il se ménage le moyen de vous y jeter; enfin, il s'arrange de façon que si un autre Louvel frappoit un autre Bourbon, vous ne puissiez nommer *tout haut* le complice de l'un, ni pleurer l'autre qu'à la Conciergerie.

Voilà pourtant ce dont nous sommes déjà témoins; et cet excès d'imprudence et de folie qui bouleverse tous les calculs de la raison n'est pas le signe le moins évident de la puissance surnaturelle qui s'est emparée de la conduite des affaires humaines. Reconnoissons-là du moins. Confessons ses œuvres, en avouant la vanité des nôtres; et dociles instrumens des grands desseins de Dieu sur la société, écrions-nous avec le Prince que nous pleurons: *Malheureuse patrie!* Et adressons-lui ces sublimes paroles de MADAME : *Dites au Roi-Martyr de prier pour la France et pour nous!......*

Le Comte O'MAHONY.

N. B. Nous engageons nos lecteurs à lire les articles pleins de franchise et de vigueur, dans lesquels Mr *Martainville*, (DRAPEAU BLANC, des 14 et 15 février), a payé son tribut de douleur et de patriotisme.

MM. le comte de la *Bourdonnaye*, de *Marcellus*, et *Clausel de Coussergues*, membres de la Chambre des Députés, ont aussi fait entendre leur voix éloquente sur l'événement déplorable qui plonge la France dans le deuil.

POÉSIES

Sur la Mort de S. A. R. M.gr le Duc de Berry.

L'ATTENTAT du 13 février, qui a inspiré à nos orateurs des réflexions sévères, tristes et pathétiques, et à nos publicistes des observations sinistres et effrayantes, n'a pas moins éveillé la muse de nos poëtes. Plusieurs ont exprimé leurs sentimens et leur affliction avec autant de talent que de force et de vérité. Nous allons citer les chants qui nous ont paru réunir ces qualités dans un plus haut degré.

Nous placerons en tête de ces morceaux l'Ode de M. Ch. Loyson.

Où court ce peuple errant dans cette nuit profonde?
D'où partent ces longs cris qui pénètrent les airs?
Quel monstre tout-à-coup, nouvel effroi du monde,
Ont vomi les enfers?

Quel est ce meurtrier, quelle est cette victime?
Sur cette épouse en pleurs quel sang a rejailli?
O France!...... ô Ravaillac! dans l'éternel abîme
Ton ombre a tressailli.

Ce Henri, ce héros, que l'Univers adore,
Ainsi sous ton poignard expiroit autrefois!
Ta rage te survit, barbare, et sait encore
Trouver le cœur des Rois.

Il est mort en Bourbon. A son heure dernière
Il pardonnoit au bras qui lui perça le sein,
Et son dernier soupir étoit une prière
Pour son lâche assassin.

O crime! ô trahison! ô fureur déloyale!
Père, épouse, sujets, monarque infortuné!
Sacré rameau des lis, sur la tige royale
A jamais moissonné!

Ecartez ce bandeau qui dut parer sa tête,
Il n'en portera point le fardeau précieux:
Dans les mains de Henri sa couronne étoit prête,
Et l'attendoit aux Cieux.

Pleure, race des Rois, gémis dans ces ténèbres
Dont la mort a couvert tes palais paternels:
Temples, prenez le deuil, sous des voiles funèbres
Cachez-nous vos autels.

Dans le triste appareil de ses pompes publiques,
Que la patrie en pleurs, tenant le noir linceul,
Aille au séjour sacré des royales reliques
Déposer son cercueil.

Mais ce n'est pas sur lui que couleront nos larmes.
C'est sur nous, malheureux que le Ciel veut punir,
Livrés à la discorde, aux fureurs, aux alarmes,
A l'obscur avenir!

O Dieu de nos aïeux! à quel ange effroyable
Ces âges criminels sont-ils abandonnés?
Jusqu'à quand tiendras-tu ton bras impitoyable
Sur les fronts couronnés?

Comme un feu destructeur, précédé du tonnerre,
Porte au loin le ravage et vole dans les airs,
Ta fureur dévorante a parcouru la terre
Et traversé les mers.

L'épouvante et la mort, de l'un à l'autre pôle,
Parmi les nations ont marché devant toi:
Tous les trônes du monde au son de ta parole
Ont chancelé d'effroi.

O vengeur éternel! le crime a son salaire.
Les peuples sont punis, les Rois humiliés;
Brisé sous le fléau de ta juste colère,
Le monde est à tes piés.

Abrège, abrège enfin les jours de la vengeance,
Rends la vie et l'espoir à nos cœurs abattus,
Ramène parmi nous l'union, l'indulgence,
La paix et les vertus!

En sage liberté change nos vains délires,
Soumets à la raison nos farouches humeurs;
Donne l'amour des lois aux maîtres des empires,
Aux lois l'appui des mœurs.

Oui, devant ce tombeau que nos larmes arrosent,
Soient nos tristes discords à jamais abjurés,
Et mortes à jamais, que nos haines reposent
Sous ces marbres sacrés.

Mais Dieu juste avant tout, sur ma triste patrie
Si tu daignes tourner des regards paternels,
Confonds du meurtrier l'homicide furie,
Et ses vœux criminels.

Tu sais notre incertaine et dernière espérance;
N'en éteins pas, ô Dieu! le débile flambeau.
Ressuscite ces Rois morts avant leur naissance
Qu'enferme un seul tombeau.

Dût-il à ta clémence en coûter un prodige,
Reproduis le rameau de son tronc arraché;
Qu'il sorte tout-à-coup de cette auguste tige
Un rejeton caché!

Que la terre et le ciel nourrissent son feuillage,
Qu'il croisse chaque jour, qu'il fleurisse à nos yeux,
Et sur nos descendans verse l'antique ombrage
Qui couvrit nos aïeux.

M. Lebrun-des-Charmettes, auteur de *l'Orléanide*, a essayé aussi d'être l'interprète de la douleur publique. C'est ainsi qu'il retrace le moment fatal où l'assassin, caché dans l'ombre, attend sa proie :

L'HEURE arrive; il l'entend; il voit venir sa proie....
D'une féroce joie
Son cœur a palpité, ses lèvres ont souri;
Il court, vole, et soudain d'une main parricide,
Que l'enfer même guide,
Frappe le noble cœur du fils du grand Henri.

De ton sang adoré la pourpre répandue
D'une épouse éperdue
Rougit les vêtemens, couvre le chaste sein;
Oubliant de frapper sa seconde victime,
Effrayé de son crime,
D'un pas tremblant s'échappe et s'enfuit l'assassin.

Peindrai-je cette couche aux tourmens consacrée,
De sanglots entourée
Théâtre glorieux de tes derniers instans,
Où l'héritier des lis, où l'espoir de la France,
D'une horrible souffrance
Endura le martyre et mourut si long-temps !

De ta sublime sœur, de ton généreux frère,
De ton malheureux père,
Redirai-je l'effroi, les augustes douleurs;
Ton épouse tremblante à la foule attendrie
Redemandant ta vie,
Et lisant ton trépas dans tous les yeux en pleurs?

Héros, c'en est donc fait : cette brillante gloire,
Cette longue mémoire,
Ces palmes, ces lauriers qu'eût obtenus ton bras,
Ce pompeux avenir, cette riche espérance,
Sont perdus pour la France,
Et la main d'un Français t'a donné le trépas!

Qui l'eût dit, quand fuyant la rive britannique,
Sur la terre salique
Tu t'élanças brillant de bonheur et d'amour?
France !.... t'écriois-tu, salut, terre chérie!
Et ces mots : *ma patrie !.....*
Ont de ton âme au ciel précédé le retour.

Ah! toi seul, héritier des vertus de ta race,
Pouvois demander grâce,
Pour le monstre abhorré qui te plonge au cercueil!
La France avec horreur de son sein le rejette;
D'épouvante muette,
La terre attend sa mort pour alléger son deuil.

Que son nom soit maudit du couchant à l'aurore!
Que sa tombe dévore
Avec lui, s'il se peut, jusqu'à son souvenir!
Périsse l'astre affreux, le jour qui l'a vu naître,
Et la place où le traître
De la race des rois moissonna l'avenir!

Mais non; par le Très-Haut sa fureur fut trompée;
A sa rage échappée

Une goutte d'un sang si fertile en héros,
Promet un héritier à la race royale,
Que sa main infernale
Crut vouer toute entière à la nuit des tombeaux.

Jeune fille des Rois, que ce penser ranime
Ton âme magnanime,
Et t'aide à supporter le fardeau des douleurs!
Qu'il vive cet enfant, ce lis si frêle encore,
Qu'il croisse et puisse éclore!
Qu'il s'élève au milieu des soupirs et des pleurs!

Ce fut le vœu de *Charle* à son heure suprême:
Dans cet autre lui-même
Tu te plairas un jour à contempler ses traits;
Tu croiras retrouver l'âme à tes vœux ravie,
Et peut-être la vie
Pour ton cœur maternel reprendra des attraits.

M. Désaugiers, le plus agréable et le plus spirituel de nos chansonniers, a composé, sur la mort du duc de Berry, des stances, qu'un de nos plus habiles compositeurs, M. Paër, vient de mettre en musique.

Berry n'est plus! sous un bras sanguinaire
Il est tombé ce prince généreux.
France, revêts la robe funéraire!
Ciel, couvre-toi d'un voile ténébreux!
Berry n'est plus!

Berry n'est plus! au récit de ce crime,
L'Europe entière éclate en longs sanglots.....
Et la mort même en pleurant sa victime,
Se dit, le front incliné sur sa faux :
Berry n'est plus!

Berry n'est plus! le cri de la vengeance
A retenti dans tous les cœurs français!
Beaux-arts, valeur, gloire, amour, bienfaisance,
Pleurez, pleurez, à l'ombre des cyprès!.....
Berry n'est plus!

Berry n'est plus! celui qui sut combattre,
Récompenser, pardonner et chérir;
Celui qui sut vivre comme Henri-Quatre,
Comme Henri-Quatre, hélas! vient de mourir.
Berry n'est plus!

Berry n'est plus! mais de sa bien-aimée
Le noble sein recèle un fruit naissant;
Et dans six mois la France ranimée
Aura cessé de dire en gémissant :
Berry n'est plus!

Nous citerons enfin quelques fragmens d'un Dithyrambe, composé par M. Tézenas de Montbrison, sur l'assassinat de S. A. R. Monseigneur le duc de Berry.

Que vois-je! un forcené.... dans ses mains le fer brille....
Misérable, où t'emporte une horrible fureur ?
Du meilleur de nos rois déplorable famille,
Tu n'as pas épuisé la coupe du malheur!

Pleure à jamais, cité funeste!
Tes destins sont remplis : verse des pleurs de sang!
D'une race sacrée, ils ont proscrit le reste;
Du dernier des Bourbons ils ont percé le flanc!

Pleure, Princesse infortunée,
L'époux qui faisoit ton bonheur!
Naguère, de fleurs couronnée,
Tu vins, sur le char d'hyménée,
Comme un Ange consolateur.
Ivre de joie et d'espérance,
Oubliant tout, un peuple immense
Se précipitoit sur tes pas :
Tu quittois ta douce patrie;
Mais, de tant d'amour attendrie,
Ton cœur ne la regrettoit pas.

O forfait! un seul jour change ta destinée!
A d'éternels ennuis un jour t'a condamnée;
Et la France avec toi partage ta douleur.
Pleure, Princesse infortunée,
L'époux qui faisoit ton bonheur!

Et c'est chez des Français qu'un prince magnanime
Devoit trouver la mort, pour payer ses bienfaits!
Digne de ses aïeux, la royale victime
Tombe sous les coups d'un Français!

Ah! du moins, disoit-il, sur son lit funéraire :
Mourant au champ d'honneur, je mourrois sans regrets!
Mais un lâche attentat me ravit la lumière :
Je meurs sous les coups d'un Français!

Ainsi périt Henri. Vainqueur dans les batailles,
Il conquit son royaume, et lui donna la paix :
Le héros, dont le bras força tant de murailles,
Tomba sous les coups d'un Français! . . .

Ils ne sont pas Français, ces monstres sanguinaires!
La France les renie, et de larmes amères
Tous les yeux sont remplis.
La France est désolée : au prix d'un sang fidèle,
Hélas! que ne peut-elle
Rappeler de la tombe un rejeton des lis!

O regrets impuissans! ô désespoir stérile!
Nos vœux, nos cris plaintifs ne sont pas entendus!
Celui que nous pleurons, de sa couche immobile
Ne se lèvera plus!

. . . .

Et toi! Monarque vénérable,
Privé d'un fils chéri, l'espoir de tes vieux ans;
Suspends la douleur qui t'accable :
Songe que les Français sont aussi tes enfans!
A de vils ennemis montre enfin ta puissance,
Perce de leurs complots la ténébreuse horreur!
Attendras-tu que leur fureur
Ait jusque dans son père assassiné la France!

Le sang d'un Bourbon crie... il demande vengeance!
Le trône est menacé.... tu dois le protéger.
Grand Roi, que ta justice écarte le danger,
Et tu pourras ensuite écouter ta clémence!

Nous terminerons cette Vie du duc de Berry, par le triste récit de ses funérailles, qui ont eu lieu à Saint-Denis, le 14 mars 1820.

Tout ce qu'un enterrement peut avoir de pompe et de tristesse s'est vu ce matin aux funérailles de monseigneur le duc de Berry. L'église des sépultures, tendue de noir jusqu'au sommet de ses voûtes, la lumière du jour entièrement interceptée, les lueurs de quarante mille lampes et flambeaux; pour ornement, des obélisques, des colonnes, des palmes funèbres, et plus que tout cela, la consternation, les larmes sincères d'un peuple pleurant sur le sort de ses Rois, pleurant sur lui-même et sur ses enfans.

A dix heures et demie, les magistrats, les chefs de l'armée, les ambassadeurs, les officiers de la couronne, les serviteurs des Princes, occupoient, en plus grand nombre encore que de coutume, leurs places ordinaires dans les nefs de Saint-Denis. Une foule empressée remplissoit les amphithéâtres, construits partout où l'on avoit pu en pratiquer.

On avoit disposé pour le Roi la tribune de la croisée du midi, sanctuaire accoutumé des pieuses et ineffables douleurs de Madame. S. M. est arrivée à onze heures précises, accompagnée de Madame, de madame la duchesse d'Orléans, de M. le duc de Chartres, de mademoiselle d'Orléans, de madame la duchesse de Bourbon, de M. le grand-aumônier en soutane et en rochet, de M. le premier gentilhomme, et de M. le capitaine des gardes de service.

Le Roi ayant pris place sur le côté de cette tribune qui donne sur la grande nef, en face du catafalque, l'office a commencé, quelques instans même avant l'arrivée de monseigneur le duc d'Angoulême, de monseigneur le duc d'Orléans, et de monseigneur le duc de Bourbon, qui assistoient aux funérailles en cérémonie. S. A. R. et LL. AA. SS. ont pris place au banc ordinaire des Princes.

Quelque temps avant l'arrivée de S. M., les officiers et les principaux serviteurs du feu duc, en manteau de deuil, étoient venus saluer le corps, et s'asseoir aux places qui leur avoient été marquées, à la gauche du catafalque.

Il étoit midi passé, quand l'orateur, M. le coadjuteur de Paris, est monté en chaire. L'oraison funèbre prononcée par ce prélat a occupé l'auditoire près d'une heure et demie. Puis les cœurs se sont de nouveau serrés de douleur et d'une respectueuse, mais profonde compassion, en voyant monseigneur le duc d'Angoulême traverser la nef et monter les degrés de l'autel pour aller à l'offrande. Beaucoup de larmes ont coulé dès ce moment; et les sanglots ont éclaté, lorsque, une heure après, on a vu la tombe s'ouvrir pour recevoir, si fort avant le temps, le plus jeune des Fils de France. Pendant la cérémonie, Madame a perdu un moment connoissance; on l'a transportée dans le quartier des gardes-du-corps.

Il étoit trois heures et demie, quand les restes encore sanglans du duc de Berry ont été rejoindre les ossemens desséchés de Louis XVI. Des décharges d'artillerie ont annoncé le fatal moment.

Le hérault d'armes a répété : *Le duc de Berry est mort!* et la foule s'est écoulée.

L'Écriture nous a laissé un monument de douleurs inconsolables en nous faisant entendre la voix de Rachel; notre pays nous en offre un second exemple; et les cris de toute la France répètent aujourd'hui les sons de la voix qui fut entendue dans Rama. Le petit-fils de saint Louis repose maintenant dans la tombe, lui, l'orgueil de la France, lui, qu'elle pouvoit montrer *à ses ennemis comme à ses amis* : il est tombé, précipité dans l'abîme par ce torrent dévastateur qui semble de nouveau vouloir tout entraîner. Et c'est chez le peuple qui a le plus d'horreur de l'assassinat, dont les mœurs naturelles sont les plus douces, que les doctrines impies ont déposé leurs germes empestés, qui fructifient pour l'exemple et l'horreur du monde. O France tant vantée pour ton vieil attachement à tes Rois, que répondras-tu à l'interpellation funeste :

Qu'as-tu fait de sept de tes Bourbons?...... Hélas! il te faudra dire : Ils ont disparu dans la tempête; le vent de la mort a soufflé; il a amoncelé toutes les discordes, écarté les cendres de l'incendie, rallumé ses torches à des charbons mal éteints; l'athéisme a saisi le poignard du fanatisme, et la froide atrocité d'un Louvel a frappé comme la délirante fureur d'un Clément ou d'un Ravaillac.

O nuit désastreuse! disoit Bossuet, lors de la mort de *Madame Henriette d'Angleterre*. La France répéta avec lui : O nuit désastreuse! Comment son mâle génie auroit-il appelé cette nuit qui vit nos calamités dernières? Il ne s'agit plus de peindre la rapide mort d'une princesse adorée, brillante de grâces et de jeunesse : *Madame* est tombée comme le lis des champs sous le soc de la charrue; il faut dire : Un ignoble Séide a frappé un Prince dans la force de l'âge et du bonheur; un Prince qui promettoit des fils à sa famille et des Rois à son pays, un Prince auquel les arts, les talens, le malheur, le courage ne s'adressèrent jamais en vain; un Prince digne de sa race, digne de son père, digne des hautes destinées pour lesquelles il sembloit né.

Madame se meurt, Madame est morte! disoit encore Bossuet : sublimes expressions qui remplirent d'épouvante et le monde et le sanctuaire. Que seroient-elles auprès des expressions qu'il eût trouvées pour dire qu'un Fils de France n'est plus; et lorsqu'il ajoute : *Madame fut douce envers la mort*, comment auroit-il dépeint la courageuse et sainte agonie de monseigneur le duc de Berry? Je laisse aux orateurs sacrés le soin pieux de raconter des scènes si déchirantes, si grandes et si religieuses : il ne m'est pas donné d'entrer dans les profondeurs de l'éloquence; mais qu'il me soit permis de rapporter ici cette touchante question de MADAME :

« N'est-ce pas que mon frère est mort avec toute la « valeur d'un prince chrétien? ».

Qu'il me soit permis de m'écrier : Oui, sans doute, il mourut en brave; oui, sans doute, il mourut en saint, ce Prince dont la vie et la mort ajoutent de si belles pages à l'histoire de nos preux, à cette histoire qui nous retrace saint Louis s'élançant en héros aux rivages infidèles, ou mourant en saint à Carthage; Duguesclin, dont les restes reposoient aux pieds des Rois; Bayard blessé, pleurant l'infidélité du connétable, et mourant en fixant la croix de son épée; Henri IV disant: *Je peux mourir, Schomberg; je me suis emporté, j'ai eu tort, embrassez-moi;* Bonchamp, frappé à mort dans la Vendée, demandant la grâce des prisonniers. J'en adjure vos ombres, héros de mon pays! aucun de vous ne repoussera celle du nouveau martyr. Le hasard ne permit pas que toute sa vie fût remplie de hauts faits; mais dès qu'il put le maîtriser, ce déplorable hasard, les compagnons de Condé le virent ou illustre soldat ou chef vaillant, affronter les dangers, se précipiter en héros, ou réprimer en capitaine l'impétuosité des siens; et quand la Gloire ne l'auroit pas déjà nommé, les six dernières heures de sa vie le placeroient dans vos nobles rangs. Patience, courage, résignation, piété conjugale, piété filiale, piété paternelle, toutes ses vertus se montrent à la fois. Il fait admirer tous les genres de courage. Sa mort est l'histoire de toute la vie des preux : exemple non encore donné au monde, et qu'il n'appartenoit qu'à un Bourbon de donner.

Tandis que nous parlons, déjà la dépouille mortelle du Prince est rangée dans le funeste caveau, naguère vide de ses Rois, et qui se hâte tant de se remplir encore.

Adieu, adieu, Prince chéri, Prince tant regretté!

Puisse le bonheur dont vous jouissez dans votre nouvelle et céleste patrie ne pas détourner vos regards de cette autre patrie qui vous pleure!

Vous nous avez laissé sur la terre des gages d'amour et d'espérance, veillez, oh! veillez sur eux!

Vous nous avez laissé de grandes leçons, obtenez qu'elles nous soient utiles!

Adieu, Prince, adieu!

Terre de France, couverte du sang de tant de Bourbons, sois légère au fils de saint Louis!

LE COMTE HUMBERT DE SESMAISONS.

DE L'IMPRIMERIE D'ADRIEN EGRON.

www.ingramcontent.com/pod-product-compliance
Ingram Content Group UK Ltd.
Pitfield, Milton Keynes, MK11 3LW, UK
UKHW012035240726
13965UKWH00003B/800